G000075628

WE HAD OUR REASONS

TENÍAMOS NUESTRAS RAZONES

WE HAD OUR REASONS

BY RICARDO RUIZ

AND OTHER HARD-WORKING MEXICANS
FROM EASTERN WASHINGTON

TRANSLATION BY BRIANNA SALINAS

PULLEY

TENÍAMOS NUESTRAS RAZONES

ESCRITO POR RICARDO RUIZ

Y OTROS MEXICANOS TRABAJADORES
DEL ESTE DE WASHINGTON

TRADUCCIONES DE BRIANNA SALINAS

PRESS

Copyright ©2022 Ricardo Ruiz

Published by Pulley Press
An imprint of Clyde Hill Publishing
Seattle, Washington and Washington, D.C.
In the United States of America

www.pulleypress.com

Follow us on Twitter @PulleyPress

Cover and book design by Dan D Shafer

Cover artwork "Training" by Christie Tirado, from the *Hop Series*

All Rights Reserved

ISBN 979-8-9852632-2-0 (Print – Pulley Press)
ISBN 979-8-9852632-3-7 (eBook – Pulley Press)

A pulley can assist in shifting and moving objects. It allows a clothesline to spin across its wheel and shuttle clothes into the sun. A "poetry pulley" is the mechanism that a publisher might use to reel in the poems made by rural poets with their friends, neighbors, co-workers and family, and then glide these poems into the hands of readers.

This book was created by Ricardo Ruiz, with the camaraderie and stories of people in his community.

Una polea ("a pulley", en inglés) puede ayudar a mover o desplazar un objeto. Permite que un tendedero gire sobre su rueda para que la ropa esté al sol. Una "polea poética" se refiere a un mecanismo que puede utilizar una editorial para enrollar los poemas creados por los poetas rurales —con la ayuda de sus amigos, vecinos, compañeros de trabajo y familiares— y guiarlos hasta las manos de los lectores.

Este libro fue creado por Ricardo Ruiz, con las historias y la camaradería de la gente de su comunidad.

PULLEY PRESS

To Christine

I Love You

A Christine

Te Amo

Table of Contents

Índice

THE COLLABORATING POETS

GLOSSARY OF TERMS

ACKNOWLEDGEMENTS

LOS POETAS COLABORADORES

NOTAS

AGRADECIMIENTOS

RICARDO: I am trying to hold these stories

JOSÉ: I was 15

FRANCISCO: I was 12

PATTY: I always knew

CHORUS: When I found out my existence here was illegal

RICARDO: Trato de aferrarme a estas historias

JOSÉ: Tenía 15 años

FRANCISCO: Yo tenía 12

PATTY: Siempre he sabido

CORO: Cuando descubrí que mi existencia aquí era ilegal

I

WE HAD OUR REASONS

I

TENÍAMOS NUESTRAS RAZONES

A Sleeping Bag and a Semi

CENTAVO AND RICARDO

I came from Mexicali across the border.
There was work for me in Arizona.
I crawled into the gray sleeping bag,
hearing the zipper, feeling the tape
tighten around my legs and body.
I became a gray balloon floating into
the storage compartment
where the trucker kept the chains.
My mind, clouded by the smoke.
I meet the sky again
in Nogales.

        I was born in California,
so I could have walked but I didn't know.
I was bound up in not knowing.

Un saco de dormir y un semi

CENTAVO Y RICARDO

Vine de Mexicali cruzando la frontera.
Había trabajo para mí en Arizona.
Me metí en el saco de dormir, color gris,
oyendo el cierre, sintiendo la cinta apretada
alrededor de mis piernas y mi cuerpo.
Me convertí en un globo gris, flotando
hacia el compartimiento de carga
donde el camionero guardaba las cadenas.
Mi mente envuelta en humo.
Vuelvo a encontrarme con el cielo
en Nogales.
     Nací en California,
así que podría haber caminado pero no lo sabía.
Estaba atado al no saber.

What a Girl Wants:
I Didn't Know My Dad but I Wanted To

PATTY AND RICARDO

We meet in a hotel in Baja California,
with some men in a room.
He told me I was going to run.

The border was only a wire fence.
He held my face, pointing to a store across the highway.
        You can grab whatever you want when you get there.

Some men cut the bottom wires.
He looked at me and told me to run.
All I had to do was get there,
to grab what I really wanted,
what a young girl really wants.

I was scared.
I didn't know my dad,
but I wanted to be with him.
For him to show me love,
that's what I wanted.
Not the things sold in a store.
And that's what made me brave.

Lo que una chica quiere:
no conocía a mi padre pero quería conocerlo

PATTY Y RICARDO

Nos encontramos en un hotel en Baja California,
con algunos hombres en un cuarto.
Él me dijo que iba a correr.

La frontera no era más que una alambrada.
Me sostuvo la cara en sus manos, señalando una tienda
al otro lado de la carretera.
> *Al llegar, puedes tomar todo lo que quieras.*

Unos hombres cortaron los alambres inferiores.
Él me miró y me dijo que corriera.
Sólo tenía que llegar,
y tomar lo que realmente quería,
lo que una chica joven realmente quiere.

Tenía miedo.
No conocía a mi padre,
pero quería estar con él,
que me mostrara su amor,
eso es lo que quería.
No las cosas que se venden en una tienda.
Y fue eso lo que me dio el valor.

This was Our Life in Mexico

LORENA AND RICARDO

I'm talking about how
we earned so little that I would rip shirts
to use as diapers.
At night, those red plastic bags
kept him from dirtying the bed.

My husband worked for so little
and he would say,
This is for the child.
Because, well, even if we didn't eat,
it was *for the child.*

That is to know poverty.
That is why we came.

Así fue nuestra vida en México

LORENA Y RICARDO

Me refiero a cómo
ganábamos tan poco que yo rompía las camisetas
para usarlas como pañales.
En la noche, aquellas bolsas de plástico rojas
hacían que no ensuciara la cama.

Mi esposo trabajaba por tan poco
y siempre decía
Esto es para el niño.
Porque, bueno, aunque no comiéramos
era para el niño.

Eso es conocer la pobreza.
Es por eso que hemos venido.

A Christmas Tale

CENTAVO AND RICARDO

i had one pair
of white Levi's jeans
i wore to the mass
      with my leather *huaraches*†
praying my hunger would pass

---

† *Indicates a term defined in the glossary. See page 192.*

Un cuento de Navidad

CENTAVO Y RICARDO

tenía unos
jeans Levi's blancos
que llevaba a la misa
          con mis huaraches de cuero
rezando para que se me pasara el hambre

---

† *Indica un término definido en las notas. Consulte la página 193.*

I'm the Man of the House

CENTAVO AND RICARDO

My brother and I would ride my bike
to the cornfields when
I was five.

He was four. His hands, soft and fresh,
started bleeding
from the machete,

and   I yelled at him
to finish the line!
He didn't know what was going on.

I took him home on my bike;
he cried, bleeding, riding on the bike frame,
blood dripping to the ground.

I just go to work Every Day.
                    Every Day.
                              Every Day.

We were hungry and didn't have no food.
I was an American kid out there in Mexico,
living in the ghetto.

Working
for $2 a day
so I started doing bad stuff.

Soy el hombre de la casa

CENTAVO Y RICARDO

Mi hermano y yo íbamos en bici
a las milpas cuando
tenía cinco años.

Él tenía cuatro. Sus manos, suaves y tiernas,
empezaron a sangrar
por el machete,

y   le grité:
¡Termina la hilera!
Él no entendía qué estaba pasando.

Regresamos a casa en mi bicicleta,
y él lloró, sangrando, sentado en el cuadro,
su sangre goteando al suelo.

Voy al trabajo todos los días.
                    Todos los días.
                              Todos los días.

Teníamos hambre y nada de comida.
Yo era un chico americano perdido en México,
viviendo en el gueto.

Trabajando
por $2 al día,
pues empecé a hacer cosas malas.

Chicles to Bud

CENTAVO AND RICARDO

The drug dealers from the outside town of Tequila found me
as I stopped at their window, selling packs of chicles,
hustling what I could.
Un Chicle, un Peso
Seven years old tryna get money.

I was hired to harvest the bud,
cutting and trimming the leaf
and they paid good.
I stayed three months in the forest, harvesting
for five thousand pesos.

The first time my mom knew where I went
she cried and hugged me,
asked me not to go away again.
I opened the fridge to one slice of ham and two eggs.

I gave all the money to my mom,
the biggest stacks her friends had seen
and converted myself to a drug dealer.

They would come and get me—
my backpack full and
it wasn't just weed any more. I moved other shit:
Ten thousand pesos for one trip.

I didn't know what I had. I didn't know what I was doing.
I just knew my family could eat and I was the provider.

De chicles a mota

CENTAVO Y RICARDO

Los traficantes de la zona de Tequila me descubrieron
cuando me paré frente a su ventanilla, vendiendo chicles y
ganando lo que podía.
Un chicle, un peso
Apenas siete años, tratando de rayar.

Me contrataron para cosechar la mota,
para cortarla y quitar las hojas
y pagaban bastante bien.
Estuve tres meses en el bosque, cosechando
por cinco mil pesos.

Cuando mi madre supo a dónde iba,
lloró y me abrazó,
me pidió que no volviera a ir.
Abrí el refrigerador y encontré una loncha de jamón y dos huevos.

Le di todo el dinero a mi madre,
las pilas más grandes que sus amigas habían visto
y me convertí en traficante.

Venían a recogerme,
mi mochila llena —y
ya no sólo de mota—. Movía otra mierda también:
diez mil pesos por un solo viaje.

No sabía lo que cargaba. No sabía lo que estaba haciendo.
Sólo sabía que mi familia podía comer, y que yo era el proveedor.

Silent Crossing, Sleeping to the Other Side

LORENA AND RICARDO

you slept for two days
over-drugged by the coyote[†]

i gathered all the sounds
you should have made

placing them inside the leather bag
upon my shoulder

when my steps strained
i opened the satchel and listened

        each night

i held your sounds
and know your future's here

Paso silencioso, durmiendo hasta el otro lado

LORENA Y RICARDO

fueron dos días los que dormiste
narcotizado por aquel coyote[†]

junté todos los sonidos
que deberías haber emitido

guardándolos en el bolso de cuero
que llevaba en el hombro

cuando se tensaban mis pasos
abría el bolso y escuchaba

        cada noche

sostuve tus sonidos
y sé que tu futuro está aquí

II

THE
ARRIVAL

II

LA LLEGADA

This Can't Be It

JOSÉ AND RICARDO

I couldn't believe what we were driving up to.
Like a country road and he's, like, we're almost there.

I was like, wait, what? Like, it was just fields.
And it was like, winter. So, there was snow.

That was the only cool thing, I'd never seen snow.
It was like, well, like there's actual snow.

And there were cows. Like, big brown cows.
I was like, what? Like, where are we.

      I was like, a city boy, an LA boy.

We finally got to the trailer where we were going to live,
on Rd. 8. You know, like a country road between orchards and fields.

It was nothing like we used to live in. Like, definitely
like a downgrade, like a big downgrade.

Then I like, I remember that we, we went inside.
It was all frozen. No one had lived there in years.

I could tell that my mom was hiding, like, the way she felt.
My dad was working really hard to be, like, uplifting.

I was eleven then and my youngest brother was four.
I was, I was, I was always in charge of my younger brother.

¿Aquí? No puede ser

JOSÉ Y RICARDO

No podía creer hacia dónde íbamos.
Algo así como un camino rural y él está como, ya casi llegamos.

Yo puse cara de, eh... ¿Qué? Sólo había campos.
Y era pleno invierno. Pues había nieve.

Eso fue lo único chido, pues nunca había visto la nieve.
Era como, bueno, como que había nieve de verdad.

Y vacas también. Vacas grandes y marrones.
Yo estaba como, ¿qué? Como... ¿dónde estamos?

Es que yo era un chico de ciudad, como todo un *LA boy*.

Finalmente llegamos a la tráila donde íbamos a vivir,
en la Calle 8, ¿sabes?, como un camino rural entre huertos y campos.

No tenía nada que ver con cómo vivíamos antes. Era, como,
era un *downgrade*, sin duda, como muchísimo peor.

Entonces, ehh... recuerdo que... que entramos.
Estaba todo congelado. Allí no había vivido nadie en años.

Notaba que mi madre estaba, como, ocultando lo que sentía.
Mi padre se esforzaba mucho por ser alentador.

Yo tenía once años entonces y mi hermanito tenía cuatro.
Siempre, siempre, siempre estuve a cargo de mi hermano menor.

So, I said, like, there's chickens and we can play soccer
or whatever.

They went in with a blow torch the next day to, like, get it thawed out.
My mom and dad went in to clean and like rats came out.

I just remember she started breaking down. Like they both
started crying. Um, like I, in that moment, I thought it was because
of the rats.

Así que le dije, como, hay gallinas y podemos jugar al fútbol o algo.

Al día siguiente entraron con un soplete, como para descongelarlo. Cuando mis papás entraron a limpiar pues salieron un montón de ratas.

Recuerdo que ella se derrumbó. Y, ambos empezaron a llorar. Yo, en ese momento, pues, no sé, pensé que era por las ratas.

Splitting Up the Move

PATTY AND RICARDO

My dad had papers and was able to travel.
My uncle's family didn't have a car, so they took ours.

I was sent with them.
Family & strangers,

alone again.
They'll meet me over there I was told.

By myself for a month without my parents,
now with two different families.

With no one to protect me.
Where even is Othello?

División de la mudanza

PATTY Y RICARDO

Mi padre tenía sus papeles y podía viajar.
La familia de mi tío no tenía carro. Se llevaron el nuestro.

Me hicieron ir con ellos.
Familia y desconocidos,

estaba sola otra vez.
Nos reuniremos allá, me dijeron.

A solas por un mes sin mis padres,
ahora con dos familias diferentes.

Sin nadie que me protegiera.
¿Y Othello? ¿Dónde se encuentra?

I Wished the Earth Would Swallow Me Whole

ABIGAIL AND RICARDO

The letter I wanted to send to my mom
told how I had arrived safely

No te preocupes
estamos con mi cuñada

The queue was out the door
at the post office

Vengo a dejar una carta
El americano me dijo "What?"

I didn't know what to do,
or what he said

Quería que me tragara la tierra ahí

From the orchard I'd go
to clean people's homes

then off to night school
at Big Bend Community College.

Quería que la tierra me tragara entera

ABIGAIL Y RICARDO

La carta que quería enviar a mi mamá
decía que había llegado bien

No te preocupes
estamos con mi cuñada

La cola se extendía más allá
de la puerta de correos

Vengo a dejar una carta
El americano me dijo: *What?*

No sabía qué hacer,
ni qué había dicho

Quería que me tragara la tierra ahí

Iba yo, desde el huerto,
a limpiar casas

y luego a la escuela nocturna
en Big Bend Community College.

Immigrants Work Different:
We Don't Get to Stop

JOSÉ, LORENA AND RICARDO

When school ended for the summer,
My parents put me to work.
They took me to a brick building in Ephrata.
Up the stairs, a dim office with chairs.

I got my picture taken,
I got a fake ID,
I got a fake social,
I got my mica.[†]

/

I didn't want him to work
That was his dad

My boy was soft and kind
He needed to be toughened up

He went to work beside us
My boy in the fields

Los inmigrantes trabajan de forma diferente: no podemos parar

JOSÉ, LORENA Y RICARDO

Cuando la escuela se acabó para el verano,
mis padres me pusieron a trabajar.
Me llevaron a un edificio de ladrillos en Ephrata.
Subiendo la escalera, una oficina oscura con sillas.

Me hicieron una foto,
me dieron tarjetas falsas de identificación
y seguridad social
me dieron la mica†.

/

Yo no quería que trabajara
Eso fue su padre

Mi hijo era bueno y tierno
Necesitaba que lo hicieran más fuerte

Vino a trabajar a nuestro lado
Mijo en los campos

Mi Carcachita Azul y el Perro Negro

RICARDO

I slept in the back seat until the sun shone high
or I'd sit in the driver seat and take the wheel.
Sometimes, I'd wriggle out and lie on the hood
of the dusty 1982 blue Topaz.

Our sitter — that black dog who'd play for hours —
he just kept bringing us back the ball.
And we just laughed and ran through the rows.

I always waited for the time my parents would break.
My mom's face shining under the bandana
and a sun hat. Fresh cherries in her hand,

foil burritos still warm in the dented green Thermos,
our lunch. The trunk of the car became our table,
on our own Bring-Your-Kids-to-Work Day.

Mi carcachita azul y el perro negro

RICARDO

Dormía en el asiento trasero hasta que el sol brillaba alto
o me sentaba en el asiento del conductor y tomaba el volante.
A veces me escabullía para tumbarme en el capó
del polvoriento Topaz azul de 1982.

El niñero —ese perro negro que jugaba por horas—
no dejaba de traernos la pelota.
Y nos reíamos corriendo por las hileras.

Siempre esperaba el descansito de mis padres.
La cara de mi mamá brillando bajo su pañuelo
y el sombrero de sol. Cerezas frescas en la mano,

burritos en aluminio aún calentitos en el termo verde abollado,
nuestro almuerzo. La cajuela del carro se convertía en nuestra mesa,
en nuestro propio Día-de-llevar-a-los-hijos-al-trabajo.

The General on the Battlefield Leading the Troops

JOSÉ AND RICARDO

Where did these red and black warriors come from?
How do they know to search out the aphids
that feed off the succulent tissue of the Gala?

I stood — charged to lead
my spotted counterparts.
Sending them out to battle.

Hold the line, ladybugs!
Protect the fruit.
The organic label needs us!

The orange bucket hummed as my mother handed it to me.
Pon atención, estás trabajando.

El general lidera sus tropas en el campo de batalla

JOSÉ Y RICARDO

¿De dónde han venido estos guerreros rojos y negros?
¿Cómo saben cazar los pulgones que
se alimentan de la pulpa suculenta de la Gala?

Yo estaba listo para dirigir a
mis homólogos de lunares.
Enviarlos a la batalla.

¡Mantengan la línea, catarinas!
Protejan la fruta.
¡El sello orgánico nos necesita!

La cubeta zumbaba cuando mi madre me la pasó.
Pon atención, estás trabajando.

Eight-Year-Old Does a Beer Run

RICARDO

It's different,
in a brown town.
A handful of crumpled dollars,
sent across the alley
for the coldest beer around.

He's never had me go alone,
on my own.
I'd usually just follow him there.

Two tall boys

Technically it's illegal but,
technically you can say
so am I.

El niño de ocho años compra la cerveza

RICARDO

Es diferente
en un barrio moreno.
Un puñado de dólares arrugados,
mandado al otro lado del callejón
por la cerveza más fría de la zona.

Nunca me ha hecho ir solo,
sin compañía.
Normalmente iba con él.

Two tall boys

Técnicamente es ilegal, pero
se puede decir, técnicamente,
que yo también lo soy.

All I Want to Do is Play Zelda and Pokemon on The Game Boy Color With My Friend

RICARDO

I couldn't just ask my parents.
My school clothes were on layaway
From July to September.
We would ride looking and searching
Chavalitos going around
Buying up busted bikes.
Good front brakes from that one.
Let's take those grips.
Put it all back together
And trade them
For a Game Boy.
Trade some wheels for Zelda.
We killed it with the Mongoose frame
Scored Pokemon Red.

It didn't change when we got older.
Just what we wanted and what we sold.

No quiero hacer más que jugar a Zelda y Pokemon en la Game Boy Color con mi amigo

RICARDO

No podía simplemente pedírselo a mis padres.
La ropa de la escuela era en layaway
De julio a septiembre.
Andábamos buscando y rebuscando
Chavalitos correteando
Comprando bicis estropeadas.
Buenos frenos en esa.
Tomemos esos puños.
Volvimos a juntarlo todo
y lo cambiamos
Por una Game Boy.
Por unas ruedas, nos dieron Zelda.
Ganamos en grande con el cuadro Mongoose
Conseguimos el Pokemon Red.

Esto no cambió cuando nos hicimos mayores.
Sólo lo que queríamos y lo que vendíamos.

"Adams County Juvenile Violent Crime Rate Top of State" Says *The Othello Outlook*

RICARDO

The two drive-bys don't help much
Or the rumble down behind the car wash

The sirens sounded
A call to the neighborhood

The cop's truck blocking off the street
Large, black, imposing its will

That's the point right? Have the biggest baddest vehicle
Park 'em out front so no one steps in

And I did just that, looked on—
Five-O[†] raiding my boy's house.

"El condado de Adams: la tasa de delincuencia juvenil violenta más alta del estado" —*The Othello Outlook*

RICARDO

Los dos tiroteos *drive-by* no ayudan mucho
Ni esa pelea que hubo por detrás del lavaautos

Las sirenas sonaron
Una llamada al barrio

La camioneta policial bloqueaba la calle
Grande y negra, imponiendo su voluntad

Se trata de eso, ¿no?, de tener el vehículo más grande y chingón
Estacionarlo justo afuera para que nadie pueda entrar

Y eso es lo que hice, miraba...
mientras la tira† allanó la casa de mi carnal.†

Not Your Gap Year

JOSÉ AND RICARDO

I took a Gap Year[†] this year.
Long story short, my parents
split. It was a whole messy thing.
My mom left first—my dad
was depressed—she met a guy online.
He wasn't doing anything all day
so I had to care for my brothers.
Then my dad left.
He just dipped out.
I took the responsibility from him,
I guess. He was going to leave to Mexico or something.
I don't know, that's the last thing I heard.
We don't speak anymore.
My mom came back though.
She was like, I'm sorry, blah, blah, blah.
I had to tell her,
prove to me you're going to be a good mom.
My mom was finally good.
So, I've been working two jobs, saving money.
I got them a house, got them settled you know.
And me? I was finally able to go back to Seattle,
I'll start in the fall for my senior year.

Este no es tu *gap year*†

JOSÉ Y RICARDO

Me he tomado un año libre este año.
En pocas palabras, mis padres
se separaron. Fue todo un lío.
Mi madre se fue primero. Mi padre
estaba deprimido. Ella conoció a un tipo *online*.
Él no hacía nada en todo el día.
Y yo tenía que cuidar a mis hermanos.
Luego mi padre se fue.
Se largó sin más.
Yo le quité la responsabilidad,
supongo. Se iba a ir a México o algo así.
No sé, eso es lo que me han dicho.
Ya no hablo con él.
Mi madre ha vuelto,
diciendo lo siento, bla, bla, bla.
Tuve que pedirle que me demostrara
que ahora sería una buena madre.
Al final se volvió buena.
Así que he estado trabajando en dos lugares, ahorrando.
Les compré una casa, los instalé, ¿sabes?
¿Y yo? Finalmente pude volver a Seattle
en otoño para mi último curso.

We Had This Camcorder: Mother and Son Duet

JOSÉ, LORENA AND RICARDO

The hardest thing from that move
He always did love videos

I remember we had this camcorder
We had this camcorder

I would take it everywhere
He would always take it everywhere

I don't know what happened to it
I know what happened to it

There are no pictures from back then
There wasn't enough money to get us here back then

It was one of the most valuable things we had
It was one of the most valuable things we had

It must of got lost
We had to sell it

I still think about it
I still think about him looking for it

I wish we still had it
I wish we didn't need to sell it

That was the hardest part
That was so hard to part with

Teníamos esa videocámara: un dúo de madre e hijo

JOSÉ, LORENA Y RICARDO

La parte más difícil de esa mudanza
Él siempre amó los videos

Recuerdo que teníamos esta videocámara
Tuvimos esa videocámara

La llevaba conmigo a todas partes
Siempre la llevó a todas partes

No sé qué pasó con ella
Yo sé qué pasó con ella

No nos quedan imágenes de entonces
No teníamos suficiente dinero entonces para mudarnos aquí

Era una de las cosas más valiosas que teníamos
Era una de las cosas más valiosas que tuvimos

Debe haberse perdido
Tuvimos que venderla

Sigo pensando en ella
Sigo pensando en cuánto la buscó

Ojalá que todavía la tuviéramos
Ojalá que no tuviéramos que venderla

Esa fue la parte más difícil
Fue tan difícil desprendernos de ella

III

THE
FIELDS

III

LOS CAMPOS

Five Guys Burgers Reminding Me
Where I Come From, Good Looks†

RICARDO

"Today's Fries come from Easterday Farms, Pasco, WA."

I went to high school with the child of the owners.

My best friend growing up is the head mechanic at that farm.

The Factory where those fries are made provided for my family.

The soil in which the potatoes were grown was tilled by my parents.

Those fries and I come from the same farm ground.

We have both been on a journey from the Eastern Washington
land in which we started.

Now they sit on my table. The work of my friends, the work
of my family.

Five Guys Burgers me recuerda de dónde vengo, qué chido

RICARDO

"Today's Fries come from Easterday Farms, Pasco, WA."

Fui a secundaria con el hijo de los dueños.

Mi mejor amigo de la infancia es el jefe de mecánicos de la granja.

La fábrica donde se preparan las papas fritas ha mantenido a
mi familia.

La tierra donde se cultivan las papas fue labrada por mis padres.

Esas papas y yo somos de la misma tierra de cultivo.

Ambos hemos hecho un viaje partiendo de la tierra del este de
Washington donde empezamos.

Ahora están en mi mesa. El trabajo de mis amigos. El trabajo
de mi familia.

Stoop Labor Standing Up

GUADALUPE'S HUSBAND

> *Much of California's agricultural labor requirements consists*
> *of those tasks to which the Oriental [Asian] and Mexican, due*
> *to their crouching and bending habits, are fully adapted, while*
> *the white is physically unable to adapt himself to them.*
>
> —
>
> George P. Clements, L.A. Chamber of Commerce, 1929

Put the bucket on your left side
tighten it down with the belt.
Hold the "v" shaped knife
lightly in your right hand.
Stoop lower, reach the base,
step carefully.
Do not smash a single spear.
Grab, jab, and move.

Do you got that?

Grab, jab, and move.

From row to row, hold the spears—
wait until your hand is full,
then fill the bucket.
Full buckets weigh fifteen pounds—
they pull on your body.
Oh you'll strain from being stooped,
always stooped.
Grab, jab and move.

Trabajo agachado, de pie

EL MARIDO DE GUADALUPE

> *La mayor parte de las necesidades de mano de obra agrícola en
> California consiste en aquellas tareas para las que los orientales
> [asiáticos] y los mexicanos, debido a sus hábitos de agacharse y
> doblarse, están totalmente adaptados, mientras que los blancos
> son físicamente incapaces de adaptarse.*
>
> —
>
> George P. Clements, La Cámara de Comercio de Los Ángeles, 1929

Pon el balde a tu lado izquierdo
amárratelo con el cinturón.
Toma el cuchillo con su forma de "v"
ligeramente en la mano derecha.
Agáchate más, llega a la base,
pisa con cuidado.
No aplastes ni un solo tallo.
Agarra, apuñala y avanza.

¿Entiendes?

Agarra, apuñala y avanza.

De hilera en hilera, sostén los tallos
—espera hasta que tu mano esté llena—
y échalos en el balde.
Un balde lleno pesa quince libras.
Te agota el cuerpo.
Te dolerá por estar agachado,
siempre agachado.
Agarra, apuñala y avanza.

Do you got that?

But the eighteen cents a pound
adds up quick.
As quick as the rows are trimmed,
as quick as the asparagus grows back—
so do the days
always stooped.

Grab, jab and move.

¿Entiendes?

Pero los dieciocho centavos por libra
se suman rápidamente.
Tan rápido como se podan las hileras.
tan rápido como crecen los espárragos
—así pasan los días—
siempre agachado.

Agarra, apuñala y avanza.

Picking Apples Sucks— Don't Get It Twisted

ABIGAIL AND RICARDO

I started picking apples,
52 fit in the cosecha†
tears welled up in my eyes
as I prayed
> *Padre mío, no es posible que estoy aquí*

Before, I'd sit in the shade
behind a desk, my hair up,
leather flats, as an intern
to be a secretary
> *Nunca había trabajado así en México*

I knew apples
but I didn't know the fields or orchard
the bandana to keep the sweat out of my face,
the sun hat that didn't protect me from that heat. Being scolded
> *Look, you're mistreating the fruit*
> *You're breaking the branches*

My spirit mistreated, my body breaking
under the weight of the cosecha

Had I enslaved myself,
> *Una prisionera sin papeles?*

III | *Los campos*

Pizcar manzanas apesta,
no te engañes

ABIGAIL Y RICARDO

Comencé a pizcar manzanas,
52 cupieron en la cosecha
se me llenaron los ojos de lágrimas
mientras rezaba,

> *Padre mío, no es posible que estoy aquí*

Antes, trabajaba en la sombra,
en un escritorio, mi pelo recogido,
las balerinas puestas, haciendo prácticas
para ser secretaria

> *Nunca había trabajado así en México*

Ya conocía las manzanas
pero aún no conocía el campo ni los huertos
el pañuelo que quita el sudor de mi cara,
el sombrero de sol que no me protege del calor. Las regañizas

> *Look, you're mistreating the fruit*
> *You're breaking the branches*

Mi espíritu maltratado, mi cuerpo rompiéndose
bajo el peso de la cosecha.

¿Me había esclavizado a mí misma?

> *¿Una prisionera sin papeles?*

I Came up from California with Nothing and Running for My Life

CENTAVO AND RICARDO

I filed for unemployment
and got a driver's license the first day I arrived.
I was gonna do all I could to get ahead.
My homie hooked me up with his guy

> *choose yourself a fake name*
> *they'll get you set up with a social*
> *then go to the orchard*
> *they don't ask you for shit*

> *when the foreman asks*
> *if you know the apples*
> *say you do*

One woman next to me, Yolanda,
clowned me my first day.

> *I just fucking do three trees bro.*
> *I just make probably like five dollars of pay.*
> *Yolanda finished the line and shit.*
> *She make like one hundred and sixty*
> *and I only do three fucking trees.*

She was cool knowing I'd never done this before.

> *It takes two fingers,*
> *a quick press of the thumb*

Vine de California sin nada, corriendo por mi vida

CENTAVO Y RICARDO

El mismo día que llegué, solicité el desempleo
y saqué la licencia de conducir.
Iba a hacer todo lo posible para salir adelante.
Mi cuate me puso en contacto con este tipo

> *búscate un nombre falso*
> *te pondrán un social*
> *luego vete al huerto*
> *no te piden nada*

> *cuando el mayordomo te pregunta*
> *si sabes de manzanas*
> *dile que sí*

El primer día, Yolanda, la mujer a mi lado,
se burló de mí.

> *Sólo hago tres pinches árboles, mano.*
> *Sólo gano como cinco dólares.*
> *Yolanda termina la hilera y, ¡no mames!*
> *Gana como ciento sesenta*
> *y yo no hago más de tres pinches árboles.*

Sabiendo que era mi primera vez, se volvió buena.

> *Se necesitan dos dedos,*
> *una rápida presión del pulgar*

upward, jolting
and the apple comes free.
Just one branch at a time and don't get lost.

The second day I did twenty trees,
proud of myself — Twenty fucking trees!
The fucking end of the week I do fucking
seventy five.

Fuck yeah. Yeah I made it—
As I cash my unemployment
and orchard check.

hacia arriba, sacudiendo,
y la manzana se suelta.
Una rama a la vez, no te pierdas.

El segundo día hice veinte árboles,
orgulloso de mí mismo —¡Veinte pinches árboles!—
Al final de la semana, hago
setenta y cinco pinches árboles.

¡Ahuevo! Triunfé, me digo,
cobrando el cheque del desempleo
y el cheque del huerto.

Under the Walnut Tree

RAMIRO AND RICARDO

I was sleeping in an unbearable pain
when the curandera[†] came.
She took me in.

No one could take me to be cured.
The white fluorescent lights
of the hospital would shine on our brown skin

and empty pockets.
When we arrived at the orchard
they gave us a meeting.

Explaining something
about the chemicals. That when applied
we must wait 72 hours for "re-entry."

We didn't,
stepping the next day
on the *mayordomo's* orders.

I was the only one
harmed of the twenty.
My wife

was in Mexico
at home with our child.
I had made up my mind.

Bajo el nogal

RAMIRO Y RICARDO

Dormía con un dolor insoportable
cuando llegó la curandera.
Ella me albergó.

Nadie podía llevarme a ser curado.
Las luces fluorescentes
del hospital brillaban en nuestra piel morena

y nuestros bolsillos vacíos.
Cuando llegamos al huerto
nos convocaron a una reunión.

Nos explicaron algo
sobre los productos químicos. De que una vez aplicados
había que esperar unas 72 horas antes de la reentrada.

No lo hicimos.
El día siguiente ya estábamos pisoteando
por las órdenes del mayordomo.

Yo era el único
afectado de los veinte.
Mi esposa

estaba en México,
en casa con nuestro hijo.
Yo ya estaba decidido.

I wasn't going to live.
I was two days intoxicated.
I was   Poisoned.
I was wishing I was dead.

No iba a vivir.
Estuve intoxicado durante dos días.
Me habían   envenenado.
Deseaba estar muerto.

This is What You Don't Know When You're 18 and Wanting to Come Here

Esto es lo que no sabes cuando tienes 18 años y quieres venir aquí

GUADALUPE AND RICARDO

Mi hija dice
> *I don't want to go to there*

Soñé con venir, trabajar y regresar
> *You can always go back when we are old and established*

Ella visitó una vez cuando tenía 7 años
> *I'd like to go back and visit again*

Cursé hasta el sexto de primaria y trabajé desde
los 11 años haciendo tortillas.
> *we don't understand what you're talking about, Mom*

Uno sueña con venir
> *One dreams of coming here*

Trabajar por un tiempo
> *Work for some time*

Ahorrar suficiente para una casa
> *Save enough for a house*

Eso   no   pasa
> *It doesn't happen*

Nunca viene

My Parents' Prayer and My Translation

SARAI AND RICARDO

There is this phrase, I don't know if you've ever heard it,
It's called, *Con Ganas. Mi almohada* would whisper at night
that it will take me places. The sun would cry out *con cada
gota de sudor* that would form. Forehead to forearm,
finding its source first from my father's fingers. Gripping
ambition to better me with each apple touched. *Con Ganas*

With Effort. My pillow
with every
drop of sweat

With Desire

me he quedado culpable. I talk about you to my coworkers
my mom said on our Wednesday call. My feet are cold under
the desk. The feet that walk upon my mother's back daily,
and it's jarring.

I have been guilty

Maldito Calor! I lament, even though I'm grateful
no longer gripping apples.

Cursed heat

Eagerly waiting

With desire,
with effort,
eagerly waiting,
I want more

Con Ganas se queda esperando. She's said she's going to cry
because she feels like she's the one walking across the stage.
Maybe that's what the American Dream is.

Con Ganas deseo más.

La oración de mis padres y mi traducción

SARAI Y RICARDO

Hay esta frase, no sé si la conoces.

Se llama *Con Ganas*. De noche mi almohada me decía al oído   With Effort. My pillow
que me llevaría a lugares. El sol gritaba con cada   with every
gota de sudor que se formaba. Con la frente en el antebrazo,   drop of sweat
halló su primera fuente en los dedos de mi padre. Se aferraba
a la ambición de mejorarme con cada manzana que tocaba. *Con Ganas*   With Desire

me he quedado *culpable*. Hablo de ti con mis compañeros,   I have been guilty
me dijo mi mamá durante nuestra llamada de los miércoles. Se me
enfrían los pies bajo el escritorio. Estos pies que caminan a diario
sobre la espalda de mi madre, Es discordante.

¡Maldito calor! lloro, aunque estoy agradecida   Cursed heat
pues ya no estoy agarrando manzanas.

Eagerly waiting

With desire,
with effort,
eagerly waiting,
I want more

Con Ganas se queda esperando. Ha dicho que va a llorar porque siente que es ella la que cruza el escenario. Tal vez eso es lo que quiere decir el Sueño Americano.

Con Ganas deseo más.

IV

DEPORTATION

IV

DEPORTACIÓN

Bus Ride in Indio

PATTY AND RICARDO

CHECKPOINT
IMMIGRATION
INSPECTION

We were removed and taken to the station.
I'd been in the country a couple of days—
I was hungry, sitting on the floor.
My dad was a resident, so we were not deported.
He paid the fine.
We were released with court documents.

La pisca terminó.
We moved to work.
There was no change of address.
No mail forwarding.
We didn't get the letter.

In court, a judge filled in the form:

NAME: PATTY   {LAST NAME HERE}

STATUS: Immediate Deportation

AGE: 9

Un viaje en autobús por Indio

PATTY Y RICARDO

CHECKPOINT
IMMIGRATION
INSPECTION

Nos bajaron y nos llevaron a la estación.
Yo sólo llevaba un par de días en el país.
Sentada en el suelo, tenía hambre.
Mi papá era residente, así que no nos deportaron.
Él pagó la multa.
Nos dejaron en libertad con unos documentos judiciales.

La pisca terminó.
Nos mudamos para trabajar.
No había cambio de dirección.
No había reenvío.
La carta nunca llegó.

En el tribunal, el juez rellenó el formulario:

NAME: PATTY {LAST NAME HERE}

STATUS: Immediate Deportation

AGE: 9

Don't Ever Let Them See You Sweat

FRANCISCO AND RICARDO

You just don't get awarded DACA†
like it's some government gift from above

delivered by *la virgen* on a foggy morning
to the statue in the house.

You can't just say, hey, *I'm finna apply*.
Here's my info: give me the permit.

Every two years you have to pay
thousands of dollars—

$600 to file if you can do your own paperwork,
and don't need an attorney (they're expensive so don't fuck up).

You gotta stay calling the CIS† office,
making sure of where your permit's at.

I look over my shoulder every single day
and watch my words carefully.

Some guy threatened to call the border patrol
when he cut me off on my way to work.

He looked at me when I pulled up on him at the red light.
Is today the day? Am I gonna catch a case†?

No dejes que te vean sudar

FRANCISCO Y RICARDO

La DACA† no se otorga porque sí
como un regalo del gobierno caído del cielo

y entregado por la virgen en una mañana de niebla
a la estatuilla en casa.

No puedes decirte simplemente, *oye, la voy a solicitar.*
Aquí están mis datos: denme el permiso.

Cada dos años tienes que pagar
miles de dólares:

600 para presentar si haces tu propio papeleo
sin necesidad de un abogado (son caros, pues no la cagues).

Tienes que seguir llamando a la oficina del CIS†
para comprobar el estado de tu permiso.

Miro por encima de mi hombro todos los días
y elijo mis palabras con cuidado.

Un tipo amenazó con llamar a la patrulla fronteriza
cuando me cortó el paso de camino al trabajo.

Me miró cuando paré a su lado en la luz roja.
¿Es hoy el día que me mandan al bote?

The next time, and there is a next time,
some government worker runs my background,

will they see what he said? Or how the woman
at the grocery store clutched her purse

when I walked up to her to give her the phone
she left in front of me?

What I see could make me
DENIED on my DACA renewal.

La próxima vez —y habrá una próxima vez— que
algún trabajador del estado investigue mis antecedentes,

¿Verá lo que dijo ese tipo? ¿O cómo la mujer
en la tienda aferró su bolso

cuando me acerqué para darle el teléfono
que había dejado delante de mí?

Lo que yo veré quizá sea DENIED
en mi renovación de DACA.

Can't Trust Them

UNNAMED AND RICARDO

My dad traveled to Detroit in 1924
To answer this nation's call:
Leaving Monterrey, Mexico to work on
The railroad. His labor was needed
Until it wasn't. Forced out, fired
Because his job was given to
A white man in 1930. Repatriated

Again, the US came calling Mexican men.
To help the war fight, he returned.
He knew the job, he knew the railroad.
The war ended, yet he wasn't allowed to go home:
Locked up in Union Gap for answering
The call. Interned with 150 others
For being brown.

He walked home to Mexico,
His one true home,
Vowing never to return.
I told my dad I'm going north.
He sipped on his *café con leche*.
He didn't stop me;
He closed his eyes *y me dio la bendición*,

With the warning,
Don't ever trust America.

No son de fiar

ANÓNIMO Y RICARDO

Mi papá viajó a Detroit en 1924
En respuesta a la llamada de esta nación:
Dejó atrás Monterrey, México, para trabajar en
El ferrocarril. Su trabajo fue necesario
Hasta que dejó de serlo. Le forzaron a salir, despedido
Porque su trabajo fue dado a
Un gringo en 1930. Repatriado

De nuevo, los EE.UU. llamaron al hombre mexicano.
Y volvió para ayudarles en su guerra.
Conocía el trabajo, conocía el ferrocarril.
La guerra terminó, pero él no pudo volver a casa:
Fue encerrado en Union Gap por responder
A la llamada. Internado con otros 150
Por el hecho de ser moreno.

Volvió a casa, a México, andando,
A su único y verdadero hogar,
Jurando no volver jamás.
Le dije a mi papá que me iba al Norte.
Él bebió de su café con leche.
No me impidió ir;
Cerró los ojos y me dio la bendición,

Con una sola advertencia,
No te fíes nunca de América.

The Locked Room Puzzle

FRANCISCO AND RICARDO

> *During the Great Depression of the 1930s, Mexican Repatriation*
> *was executed with the same xenophobia that spurs hate and*
> *desires to "Build a Wall" today. Mexican-Americans were*
> *labeled as a burden that furthered the economic downturn.*
> *Between 355,000 and 2,000,000 Mexican-born people were sent*
> *back to Mexico, with forty percent of those being American*
> *citizens.*

I was three when my incarceration began in this golden cage:
the fingerprints, biometrics,
personal data placed into a database—
checking me, rechecking me, cross-checking all my information.
I paid all the fees, showing up to every summons.

I'm already labeled a criminal.
There is no need to lure me home.
You can just come to my home or my place of work.
And deport me. The cage door opens out, into thirst.

El enigma del cuarto cerrado

FRANCISCO Y RICARDO

> *Durante la Gran Depresión de los años 30 en Estados Unidos, la llamada*
> *Repatriación Mexicana se llevó a cabo con el mismo tipo de xenofobia*
> *que hoy incita tanto odio y gritos de "¡Construir ese muro!" Los méxico-*
> *americanos fueron etiquetados como una carga que agravaba la actual*
> *desaceleración económica. Entre 355.000 y 2.000.000 de personas de*
> *origen mexicano fueron deportadas a México; el 40% de ellas eran*
> *ciudadanos estadounidenses.*

Tenía tres años cuando empezó mi encarcelación en la jaula de oro:
Las huellas digitales, la biometría,
los datos personales introducidos en una base de datos.
Revisaron toda mi información una, dos, y varias veces.
Pagué todas las tasas, y me presenté a cada convocatoria.

Ya estoy catalogado como un criminal.
No hay necesidad de atraerme de vuelta.
Basta con aparecer en mi casa o en mi lugar de trabajo.
Y deportarme. La puerta de la jaula se abre hacia afuera, hacia la sed.

Life of the Eldest Girl

PATTY AND RICARDO

I started to become their mom.
Before I'd go to school,
I would take my brothers to the babysitter.
I would get the others dressed
and walk them to school.
After school,
I wouldn't play sports.
I would have to babysit.
I would clean the house and
make sure they had something for dinner
before my parents got home.

I found a solution at sixteen:
somebody showed me love
and I decided to go—
I left in the night
and got married.

La vida de la hermana mayor

PATTY Y RICARDO

Comencé a convertirme en su madre.
Antes de ir a la escuela,
llevaba a mis hermanos a la niñera.
Vestía a los demás
y los acompañaba a la escuela.
Después de la escuela,
no hacía deporte.
Tenía que cuidar a los niños.
Limpiaba la casa y
me aseguraba de que tuvieran algo para cenar
antes de que mis padres regresaran.

A los 16 encontré una salida:
alguien me mostró amor
y decidí irme.
Me fui por la noche
y me casé.

All This Land To Have Fun & Play a Game

DAVID AND RICARDO

There are 3 players
to this game. It begins when
PLAYER 1 enters the field.

How to play:

PLAYER 1 – Survive, don't get caught.
>   The longer you're in play, the better you do.

PLAYER 2 – Catch PLAYER 1.
>   Limited travel beyond boundaries, unless stated otherwise.
>   The faster you catch **PLAYER 1**, the better you do.

PLAYER 3 – God Mode – Catch PLAYER 1.
>   No rules on travel within boundaries.
>   Freedom to detain without due process.
>   The more of **PLAYER 1** you catch, the better you do.

If **PLAYER 1** is caught by **PLAYER 2**,
he goes back to the starting point.

If **PLAYER 1** is caught by **PLAYER 3**,
results may include indefinite detention.
>   Return to start point.

PLAYER 2 & PLAYER 3 –
Play the game with impunity.
>   Make new rules as you desire,
>   and change them when required.

That is the way the game works.
It's a children's game.

Toda esta tierra para divertirse y jugar

DAVID Y RICARDO

Hay tres jugadores
en este juego. Empieza cuando el
JUGADOR 1 entra en el campo.

Cómo jugar:

JUGADOR 1 – Sobrevive, no te dejes atrapar.

      Cuanto más estés en juego, mejor te va.

JUGADOR 2 – Atrapa al JUGADOR 1.

      Viajes restringidos más allá de los límites,

      a menos que se indique lo contrario.

      Cuanto más rápido atrapes al JUGADOR 1, mejor te va.

JUGADOR 3 – Modo Dios – Atrapa al JUGADOR 1.

      Sin restricciones de viaje dentro de los límites.

      Libertad de detención sin el debido proceso.

      Cuantos más JUGADORES 1 atrapes, mejor te va.

Si el JUGADOR 1 es atrapado por el JUGADOR 2,
vuelve al principio.

Si el JUGADOR 1 es atrapado por el JUGADOR 3,
puede resultar en una detención indefinida.

      Vuelve al punto de partida.

JUGADOR 2 Y JUGADOR 3 —

      Jueguen con impunidad.

      Hagan nuevas reglas como deseen

      y cámbienlas cuando quieran.

Así es cómo funciona el juego.
Es un juego infantil.

All This Land To Have Fun & Play a Game, Continued: Words from Player 3

DAVID AND RICARDO

> *Scarface said, "You need people like me*
> *so you can point your finger at them*
> *and say, 'He's the bad guy.'"*

My title now is Deportation Officer—
It's all part of ICE,[†]
whether it's LA or Chicago or New York.
ICE is the enforcers going into cities.

Imagine that you're established here. You got
your kids to pick up from school.
You own two cars and
you got a job—
and I'm supposed to pick you up and send you back.

That's where I suppose I'm like the devil,
because I rip families apart.
I'm the guy that actually takes people away.

Toda esta tierra para divertirse y jugar, parte 2: palabras del Jugador 3

DAVID Y RICARDO

> *Scarface dijo: "Se necesita gente como*
> *yo para poder señalarla y decir:*
> *'Ése es el malo'".*

Ahora mi título es Oficial de Deportación—
Todo forma parte de ICE[†],
tanto en Los Ángeles como en Chicago o Nueva York.
ICE son los agentes que entran en las ciudades.

Imagínate que estás aquí establecido. Tienes que
recoger a tus hijos de la escuela.
Tienes dos carros y
tienes un trabajo...
y se supone que yo debo atraparte y enviarte de vuelta.

En eso supongo que soy como el diablo,
porque destrozo familias.
Soy el tipo que realmente separa a la gente.

Maybe It's Different When You Go to Your Hometown to Work

DAVID AND RICARDO

We had an operation to conduct
Really standard work
To pick up and detain

I went down the hill from O-town
To little Mexico
We were looking for this girl

I couldn't tell you her name
But she was 19
Su tía contestó

She gets off work
At 3 or 4 is what we were told
So we waited

I walked to her car
When she pulled up
Right on time

For the first time I felt
that I didn't do something
to help society that day

Acaso sea diferente trabajar en tu cuidad natal

DAVID Y RICARDO

Tuvimos que realizar
un trabajo realmente estándar
perseguir y detener

Bajé la colina desde O-*town*
A *Little Mexico*
Buscamos a esta chica

No podría decirte su nombre
pero tenía 19 años
Su tía contestó

Sale del trabajo
sobre las 3 o 4, nos dijo
Así que esperamos

Cuando ella llegó
justo a tiempo
me acerqué a su carro

Por primera vez sentí
que no había hecho nada ese día
para ayudar a la sociedad

After Ten Years They Came Back Again

PATTY AND RICARDO

My Social Security is good.
When I was detained
on the bus outside of Indio,
we filled out the paperwork.
So, I have been legal to work.

The call came in
while I was at lunch.
Don't clock in.
Head straight to HR.

The officer told me
I had two choices
     – walk out with them
     – or be taken out in handcuffs

The shame shot into me
that I was wrong
as ICE paraded me out of my workplace.
I'd worked there seven years.

They took me to my house.
Let me change out of my scrubs
and we waited for my mom.

Al cabo de diez años, volvieron

PATTY Y RICARDO

Mis papeles están en orden.
Cuando me pararon
en el autobús en las afueras de Indio
rellenamos los documentos.
O sea que trabajo legalmente.

La llamada llegó
durante el almuerzo.
Don't clock in.
Head straight to HR†.

El policía me dijo
que tenía dos opciones
       – o salir con ellos yo misma
       – o ser sacada con esposas

La vergüenza se apoderó de mí
que me había equivocado
mientras ICE me sacaba de mi lugar de trabajo.
Llevaba siete años trabajando allí.

Me llevaron a casa
me dejaron quitarme el uniforme médico
y esperamos a mi mamá.

I Got a Phone Call That My Mom and Brother Were Picked Up by Immigration

PATTY AND RICARDO

I came home to help my dad
but I was scared.
I couldn't go outside—
they could be anywhere.

My brothers stayed home with me
and we heard a knock on the door.
Is that how it would happen?
If they came to pick me up too?

I knew I was on the list
though I had not
committed a crime.

Me llamaron para decir que mi madre y mi hermano fueron detenidos por Inmigración

PATTY Y RICARDO

Regresé a casa para ayudar a mi papá
pero tenía miedo.
No me atrevía a salir...
podrían estar en cualquier parte.

Mis hermanos se quedaron en casa conmigo
y oímos un toque en la puerta,
¿Sería así?
¿Si ellos también vinieran por mí?

Sabía que estaba en la lista
aunque no había
cometido ningún delito.

You Really Get Treated Like a Criminal

PATTY AND RICARDO

The cuffs are squeezed
around my wrists,
my feet, a chain
around my waist
connected to my mother.
I am bound.

Everything I have
is taken.
The choice of where
I am sent
is not my own.

I had never been
to Tijuana, yet
I am sent there.
               I had Nothing

I wanted to come back
to my life,
to my husband.
We arranged travel.
The coyotes gave me
a resident card.
The woman on it
looked nothing like me.

I was denied entry.
Documented as another attempt
against me.

Te tratan como un verdadero criminal

PATTY Y RICARDO

Las esposas se aprietan
alrededor de mis muñecas,
mis pies, una cadena
alrededor de mi cintura
conectada a mi madre.
Estoy atada.

Todo lo que tengo
es confiscado.
La decisión de dónde
me envían
no es mía.

Nunca había estado
en Tijuana, pero
allí me mandaron.
      No tenía Nada

Quería volver
a mi vida,
a mi marido.
Organizamos el viaje.
Los coyotes me dieron
una tarjeta de residencia.
La mujer de la foto
no se parecía para nada a mí.

Me negaron la entrada.
Documentado como otro intento
contra mí.

Coming Back Home to My Husband and My Family on My Stilettos

PATTY AND RICARDO

We were through.
His hand was on my
thigh. Our smiles looking
back at the Border Patrol
Officer, my soul disgusted. He
said, *You're my girlfriend, these are
your friends.* The car door had closed
five minutes before. After the three of us
had sprinted to the car, our curls bouncing. I
had my heels in my hand. One of the women ran
in hers. We kicked up dust with every step towards
our homes. The call had come in that morning as we were
getting ready. *Meet at this location. Full face of*   Trying to
makeup on, have your hair done. Be wearing your absolute   get back
best. When you hit the checkpoint, you're his girlfriend.   to my
Sell the story. I put on extra deodorant that morning.   husband.

Volver a mi casa, a mi marido y a mi familia en mis tacones de aguja

PATTY Y RICARDO

Logramos atravesar.
Él tenía la mano en mi
muslo. Nuestras sonrisas
dirigidas al oficial de la
Patrulla Fronteriza, mi alma llena
de asco. Me dijo, *Eres mi novia, éstas son*
tus amigas. La puerta del carro fue cerrada
cinco minutos antes. Después de que las tres
corrimos al auto. Nuestros rizos rebotando. Yo
tenía mis tacones en la mano. Otra mujer corrió
con los suyos puestos. Levantamos polvo con cada paso
que damos hacia casa. La llamada había llegado esa misma
mañana mientras nos arreglábamos. *Reúnanse*   Tratando
aquí. Pónganse guapas, maquilladas y peinadas. Lleven sus   de volver
mejores vestidos. Cuando llegues al control, eres su novia.   a mi
Vende la historia. Esa mañana me puse desodorante extra.   marido.

V

JOINING ONE GANG OR ANOTHER

V

UNIRSE A UNA PANDILLA U OTRA

Ain't Shit to Do When Your Parents are Always Working

RICARDO

The question sat suspended in the air:
So, with two fingers, I plucked it from the sky,
Examining its details in the light from the street lamp.
Its colors I wore: Blood Red, asking to be spilled.
I took that question and pinned it on my chest,
Feeling its weight and power.
They were my friends, my people—
We would walk the half mile to school together:
I was a part of the group.
But to be a member! They were asking me.

I wanted to feel the fists on my face.
To know the boot upon my ribs.
To then have them as brothers.

But, I took the question off: it didn't fit.
And lost some friends that day.
Still, other gangs were waiting.

No hay nada que hacer cuando tus padres no paran de trabajar

RICARDO

La pregunta quedó suspendida
y con dos dedos la arranqué del aire,
examinando sus detalles a la luz del farol.
Me vestí con sus colores: *Blood Red* que pide ser derramada.
Agarré esa pregunta y la prendí en mi pecho,
Sintiendo su peso y su poder.
Eran mis amigos, mi gente...
Juntos caminábamos la media milla a la escuela:
Ya formaba parte del grupo.
Pero, ¡ser miembro! Me lo estaban pidiendo.

Deseaba sentir los golpes en mi cara.
Conocer la sensación de la bota en mis costillas.
Para que luego pudiera llamarlos mis hermanos.

Al final me quité la pregunta: no me quedaba bien.
Y perdí algunos amigos aquel día.
Pero otras pandillas me esperaban.

My Dad was This Large Mexican Man—
I Weighed 130 lbs. and Liked Books

RICARDO

At the bar, my father punched the scab who took
his job while he was striking at the factory

I saw the spirits when I would sit
on the wooden pews of my mom's church

They would invite me to join them
through songs that I could taste

They told me drunk one night
I had warrior blood that burns

I searched for what they told me
finally finding it in war

I found home

Mi padre era este mexicano grandote... yo pesaba 130 libras y me gustaba leer

RICARDO

En el bar, mi padre golpeó al carnero que le quitó
el trabajo mientras hacía huelga en la fábrica

Solía ver a los espíritus cuando me sentaba
en los bancos de la iglesia de mi mamá

Me invitaban a unirme a ellos
con canciones que podía saborear

Una noche me dijeron, yo borracho,
que tenía la sangre ardiente del guerrero

Fui en busca de lo que me dijeron
encontrándolo por fin en la guerra

Me sentía como en casa

Lost in the Desert

SALVADOR AND RAMIRO; DAVID, RICARDO

EL TÍO: **BORDER PATROL AGENT:**

There are many dangers in the desert.

> Yeah. So, um, I found people that were…
> There are vultures out there.

But I tell myself, you don't know
what you're going to face.
We take a lot of risk—

From the moment I left my village
to get to the border, there was danger.

> I mean they're food, easy food at that.
> So scavengers would eat them.

The way in the desert is long, and lonely.
We didn't know who was taking us.
Only a place to go, what to wear, and
that we move only at night.

> One night, I was sitting shotty[†] with this dude.
> He was my trainee.

When we got to the border, I began
to meet people. They talked and told stories,

Perdidos en el desierto

SALVADOR Y RAMIRO; DAVID, RICARDO

EL TÍO: **EL AGENTE FRONTERIZO:**

Hay muchos peligros en el desierto

> Sí, ehh, vi a personas que habían sido...
> bueno, hay buitres por ahí

Pero me digo a mí mismo, no sabes
a qué te vas a enfrentar.
Corremos muchos riesgos...

Desde el momento en que dejé mi pueblo
para ir a la frontera, había peligro.

> Digo que son comida, comida fácil además.
> De modo que los carroñeros los comerían.

El camino del desierto es largo y solitario.
No sabíamos quién nos iba a llevar.
Sólo a dónde ir, qué llevar puesto,
y que sólo nos moveríamos de noche.

> Una noche, yo iba de copiloto con este tipo.
> Era mi aprendiz.

Cuando llegamos a la frontera, empecé
a conocer a gente. Hablaban y contaban historias

everything from women being raped,
people being mugged, or just left out there.

We entrusted our trip to God.

> Where I worked it was all desert,
> But you also have the Chiricahua Mountains
> that are further north and east.

The coyotes don't care about people's lives—
What they care about is money.

It was fortunate that I came
with my sister. I helped her
with the child, my
three-year-old nephew.
The words chilled my bones
when the coyote said
"We are going to walk.
Fill your backpacks with food and drink.
We are going to be three days in the desert."

> There are some pretty hefty hills that people have to cross.
> People who cross outside of Douglas had two options:
> Cross a few miles east or west of Douglas.
> If west, they move up kind of north
> and then loop back east
> to this small community. Like a
> Little Mexico type called Pirtleville.
> Or if east, they move north past Douglas
> and cut west to Tombstone.

de todo, desde mujeres violadas hasta
gente asaltada —o simplemente dejada allí—.

Pusimos nuestro viaje en manos de Dios.

Era todo desierto donde yo trabajaba,
pero también hay las Montañas Chiricahua
más al norte y al este.

A los coyotes no les importa la vida de la gente
—sólo les importa el dinero—.

Fue una suerte que hubiera venido
con mi hermana. La ayudé
con el niño, mi
sobrino de tres años.
Las palabras del coyote me helaron la sangre
cuando dijo,
"*Vamos a caminar.*
Llenen sus mochilas de comida y bebidas.
Estaremos tres noches en el desierto".

Hay algunas cuestas considerables que la gente tiene que cruzar.
Los que cruzan fuera de Douglas tienen dos opciones:
Cruzar unas millas o al este o al oeste de Douglas.
Si es al oeste, se mueven hacia el norte
y luego vuelven al este
a una pequeña comunidad, tipo *Little Mexico*,
que se llama Pirtleville.
O si es al este, se mueven hacia el norte pasando por
Douglas y siguen hacia el oeste hasta Tombstone.

There are many ways of how people cross.
For us it was to spend three days
in the desert, walking.

> We had a group, we knew
> they were moving.
> It was a group of 13
> headed to Pirtleville.
> We had them on camera.
> My trainee was brand new.
> I told him *"This is where they're going."*
> We had them on sensors and cameras,
> so we split up.

The guide who takes you is your lifeline.
You see that the days go by and the days go by,
your food and drinks start to run out.

> Sometimes though, it takes days
> to track a group.
> We would get tires and hook them up to a chain
> Then put the transmission in low
> or one and just creep along.
> It leaves a really, really small film of dirt.
> When somebody steps on it,
> they leave a fresh track.

We crossed through Arizona,
through the desert.
We walked at night so *la migra*†
wouldn't see us.

Se puede cruzar de muchas maneras.
Para nosotros consistió en pasar tres días
en el desierto, andando.

Teníamos un grupo, sabíamos
que estaban en movimiento.
Era un grupo de 13,
en camino a Pirtleville.
Los teníamos vigilados.
Mi aprendiz era todo un novato.
Le dije, *"aquí es a donde van"*.
Los teníamos en cámara y con sensores,
así que nos separamos.

El que te guía es tu salvavidas.
Ves que los días pasan y pasan,
tu comida y tus bebidas empiezan a agotarse.

Pero a veces se necesitan días
para rastrear a un grupo.
Tomábamos las llantas y las conectábamos a una cadena.
Luego poníamos la transmisión en baja
o en una y avanzamos lentamente.
Esto deja una capa muy, muy fina de polvo.
Cuando alguien la pisa,
deja una huella fresca.

Cruzamos por Arizona,
a través del desierto.
Caminamos de noche para que la migra
no nos viera.

The helicopters hummed
overhead, always on the move.
Always searching for us.
So we walked, all night,
and no more when the sun came out.

It's easy now once you see footprints,
you follow them.
I would follow for a whole shift some days.
The nice part is I go home.
I go to sleep in my bed,
hot food, whatever.
They're out there.

Wherever we were at didn't matter.
Hopefully there was a palo verde or Ironwood tree.
We needed the shade, for the heat was so very strong.

But that night we needed to interdict.
My partner was to go ahead and stop them.
I was behind to stop anyone who would flee.

My nephew, my sister, and I were left
while we slept.

He was still green and didn't know the routes.
So it took him two hours to find the group.
He didn't speak enough Spanish to
understand what they were saying.

Los helicópteros zumbaban
en lo alto, en constante movimiento.
Siempre buscándonos.
Así que caminamos durante toda la noche
y ya no cuando salía el sol.

> Ahora es fácil, una vez que veas las huellas,
> las sigues.
> Algunos días, las seguía el turno entero.
> Lo bueno es que regreso a casa.
> Duermo en mi cama,
> comida caliente, lo que quiera.
> Ellos están ahí fuera.

No importaba dónde estuviéramos
Ojalá hubiera un palo verde o un árbol de hierro.
Necesitábamos sombra, pues el calor era muy fuerte.

> Pero esa noche teníamos que interceptar.
> Mi compañero iba a adelantarse y detenerlos.
> Yo me quedaría atrás para atrapar a cualquiera que intentara huir.

Mi sobrino, mi hermana y yo fuimos abandonados
mientras dormíamos.

> Aún estaba verde y no conocía las rutas.
> Así que tardó dos horas en encontrar al grupo.
> No hablaba suficiente español para
> entender lo que decían.

My three-year-old nephew cried that night.
He hadn't made a sound as we traveled
on the first two nights. But that night he knew.

We had 13 people on the camera.
The radio call came in. Only 12
were accounted for. I started moving forward.
Trying to detain the missing person.

We ran out of water and food
that first night alone. I was running
low on hope. All the terrain
looked the same. Brown rocks,
brown sand. I cried to God.
I regretted having come.
I regretted bringing my sister,
my nephew.

He wasn't hitting any sensors and
the camera wasn't finding anyone.
I had another patrol car pick me up.

We drank water from an animal trough.
But I was scared to find the farmhouse.
The stories of what the farmers would do to us...
So we kept moving.

It's a blessing to speak Spanish in this job.
You just understand everything better.
The group said,

Mi sobrino de tres años lloró aquella noche.
No había hecho ni un ruido mientras viajábamos
las dos primeras noches. Pero esa noche sabía.

Teníamos 13 personas en la cámara.
La llamada de radio llegó. Sólo
habían contado 12. Empecé a avanzar.
Intentando detener a la persona que faltaba.

Nos quedamos sin agua y sin comida
esa primera noche solos. Me estaba quedando
sin esperanza. Todo el terreno
parecía idéntico. Rocas marrones,
arena marrón. Clamé a Dios.
Me arrepentí de haber venido.
Me arrepentí de haber traído a mi hermana,
a mi sobrino.

No pasaba por ningún sensor
y la cámara no detectaba a nadie.
Hice que otra patrulla me recogiera.

Bebimos agua de un abrevadero.
Pero me daba miedo encontrar la granja.
Las historias de lo que nos harían los granjeros...
Seguimos adelante.

Es una bendición hablar español en este trabajo.
Se entiende todo mucho mejor.
Los del grupo dijeron,

"We left him behind.
He couldn't keep going."

We couldn't go on, the disorientation
had set in, coupled with dehydration.
I was very young and near death.
We were going to die.

We pushed to where he might be.
Searching in the dark,
our flashlights moved quickly
for any sign of life.

We heard movement near us.
We cried for help.
It was another group.
We had been found.

We found him after some time. But,
we were too late.
He was dead.

They gave us food and water.
From there, I don't even know
where we came to,
some town in Arizona.
We arrived at the house where they
stored all the people.
I hadn't slept for almost eight days.

"*Lo dejamos atrás.*
No fue capaz de seguir".

No podíamos seguir, la desorientación
comenzó, uniéndose a la deshidratación.
Yo era tan joven y estaba tan cerca de la muerte.
Íbamos a morir.

Nos acercamos a donde podría estar.
Buscándolo a oscuras,
nuestras linternas se movían rápidamente
en busca de cualquier señal de vida.

Oímos movimiento muy cerca.
Pedimos ayuda a gritos.
Era otro grupo.
Habíamos sido encontrados.

Lo encontramos después de algún tiempo. Pero
ya era demasiado tarde.
Estaba muerto.

Nos dieron comida y agua
de ahí no sé ni
a dónde llegamos,
algún pueblo de Arizona.
Llegamos a la casa donde
metían a todos.
No había dormido en casi ocho días.

I always tried to carry extra water.
These are our people and
the Samaritan work the Border Patrol does
goes unheralded.

Though they took us in,
the coyotes hadn't been paid
and we became prisoners.

I found people that were...
There are vultures out there.

We called my brother-in-law,
and he was extorted for $15k to save
his wife, son, and brother-in-law.
They put us in the back of a pick-up truck,
under a hard cover that landed on our face.
We were packed like sardines
and moved to California.

The truth is, you play a lot with your life in the desert...

There were a lot of bodies I came
across in the desert. This man,
had just passed. Some we found
were just bones.

Siempre intenté llevar agua extra.
Esta es nuestra gente y
el trabajo samaritano que hace la patrulla fronteriza
pasa desapercibida.

Nos acogieron,
pero nadie les había pagado
y nos convertimos en prisioneros.

Me topé con gente que había sido....
Hay buitres por ahí.

Llamamos a mi cuñado,
y lo extorsionaron por $15 mil para salvar
a su esposa, su hijo y su cuñado.
Nos metieron en la cama del pick-up,
bajo una tapa rígida que nos golpeó en la cara
Apretados como sardinas en lata,
nos transportaron a California.

La verdad es que realmente te juegas la vida en el desierto...

Me topé con muchos cuerpos
en el desierto. Éste
acababa de morir. Otros
eran sólo huesos.

What I Miss from the Army

RICARDO

My favorite things
A good morning firefight
And an empty gym

Lo que extraño del ejército

RICARDO

Mis cosas favoritas
Un buen tiroteo por la mañana
y un gimnasio vacío

Operations and Tactics Don't Change— Only the Human's Ethnicity Does

RICARDO AND DAVID

My smile grows wider
As my brother speaks.

ARIZONA

DAVID: We would place a guy high on the mountain
providing overwatch, our quarterback.

He watched the sensors as their convoy moved.
Six groups moving in: we waxed down[†] those two miles,

setting up the perfect interdiction point.

RICARDO: How do you organize your teams?

From multiple directions—

     I interrupt, talking quick.

Are you using a pinch move or

did you utilize natural terrain features
to create funnels?

     We laugh while talking tactics.

Las operaciones y la táctica no cambian, sólo la etnia del ser humano

DAVID Y RICARDO

Mi sonrisa se amplía
mientras mi hermano habla.

ARIZONA

DAVID: Poníamos a un tipo en lo alto de la montaña,
observándolo todo, nuestro *quarterback*.

Vigiló los sensores mientras el convoy avanzaba.
Venían seis grupos: cubrimos esas dos millas a toda velocidad,

estableciendo el punto perfecto de intercepción.

RICARDO: ¿Cómo organizas los equipos?

Desde varias posiciones—

    Interrumpo, hablando rápido

¿Empleas un movimiento de pinza o

utilizas el terreno natural para hacer túneles?

    Nos reímos hablando de la táctica.

DAVID: You gotta be stealthy, set up and let them walk in.
So we set in and 40 minutes later, the first group.

We get the call: they're coming onto us
so we turn our lights on, boom, 80 people.

Eight-zero, we circle them up; sit them down
and wait. Twenty minutes later another group—

60 people. There were six groups that night—
we corralled up 286 people. They just walked to us.

AFGHANISTAN

RICARDO: We scaled a mountain every day for two weeks,
carrying a rucksack, moving under the cover

of night. The walk was slow, 28 minutes to travel
the mile and a half. Then we climbed the rock face.

Our rucksacks filled with water, food, batteries, camo nets—
everything the sniper team would need to live in the small

cave on the mountain side. Our own bird in the sky,
but ours had an M24[†] and a lax ROE[†].

Our operation took three weeks, two to plan,
one waiting for the IED[†] emplacer.

DAVID: Hay que ser sigiloso, prepararse y esperar a que lleguen.
Así que nos preparamos y al cabo de 40 minutos, el primer grupo.

Recibimos la llamada de que vienen hacia nosotros.
Así que encendemos las luces y, ¡bum!, 80 personas.

Ocho-cero, los juntamos, los sentamos
y esperamos. Veinte minutos después, otro grupo:

Sesenta personas. Había seis grupos esa noche y
acorralamos a 286 personas. Vinieron directamente a nosotros.

AFGANISTÁN

RICARDO: Escalamos una montaña cada día durante dos semanas,
cargando una mochila, moviéndonos al abrigo

de la noche. Un lento caminar, 28 minutos para recorrer
la milla y media. Entonces subimos la pared de roca.

Nuestras mochilas llenas de agua, comida, pilas, redes de camuflaje:
todo lo que un equipo de francotiradores necesitaría para vivir en
esa pequeña

cueva en la ladera de la montaña. Nuestro propio pájaro en el cielo,
pero éste tenía un M24[†] y unas ROE[†] laxas.

La operación duró tres semanas, dos para planificar y
una para esperar al que emplazaría los IEDs.[†]

The man came to the hole where the bombs kept being
set in. A second man was hiding behind a ditch as the spotter.

With precision, the first round left the barrel traveling at
twenty-eight hundred feet per second. The shooter adjusted,

found his target, and let the second round fly.
Two enemy KIAs.[†]

We recovered 150 lbs. of explosives.

DAVID: Ours mostly took place in one day.

> *I love talking tactics with my brother.*
> *When our call ends though, it hits.*

Similar maneuvers, equipment, and operations.
My smile fades and tears fall.

El hombre se acercó al agujero donde se colocaban las bombas.
Un segundo hombre se escondía detrás de una zanja como observador.

Con precisión, la primera ronda salió del cañón a una velocidad
de 2.800 pies por segundo. El tirador se preparó,

encontró su objetivo y descargó la segunda ronda.
Dos enemigos muertos en combate.

Recuperamos 150 libras de explosivos.

DAVID: Las nuestras solían hacerse en un día.

> *Me encanta hablar de la táctica con mi hermano.*
> *Pero es cuando cuelgo que me duele.*

El mismo tipo de maniobras, equipos y operaciones.
Mi sonrisa se desvanece y las lágrimas caen.

Gym Rant

RICARDO

I stood on the platform, my eyes focused on a man's black shirt in the mirror.
The white block print on the back challenges my very existence.
My hands twist into the knurling at the bar above my feet, the metal
ripping into the calluses on my hands. The 405 lbs. moves up fast,
as rage raises my blood pressure. Looking at my chest, the message
printed on my skin at the top of my sternum reads "KILL."

I feel threatened, seeing his shirt, and I have my papers.
What is the current charge for assaulting a federal agent?
Does it matter if he's not on duty? He carries his weight heavy towards his right.
How many days is a misdemeanor assault charge? This gym is filled
with people of color. The Mexican couple in the corner
is packing their bag to leave.

He turns to look at me and his blond hair disappears.
I sit, finding the plates on my bar, so I don't collapse. All within me is swirling.
The tornado of emotion is rising to my head. I'm about to pass out.
All I see is my brother's face and the word "ICE" on the shirt.

Diatriba en el gimnasio

RICARDO

De pie en la plataforma, mis ojos se fijaron en la camiseta negra de un hombre en el espejo.
La letra blanca pesada de la espalda desafía mi propia existencia.
Mis manos se clavan en el moleteado de la barra sobre mis pies, el metal
desgarrando los callos de mis manos. Las 405 libras se levantan rápido,
mientras la furia eleva mi presión arterial. Me miro el pecho: el mensaje grabado en la piel
de la parte superior del esternón dice "KILL".

Me siento amenazado cuando veo su camiseta, y tengo mis papeles.
¿Cuál es el cargo actual por agredir a un agente federal?
¿Y si no está trabajando? Lleva todo su peso sobre su lado derecho.
¿Cuántos días te dan por un cargo de agresión menor? El gimnasio está lleno
de gente de color. La pareja mexicana en la esquina
está preparando su bolsa para irse.

Se gira para mirarme y su pelo rubio se desvanece.
Estoy sentado, mirando las pesas en mi barra para no caerme. Se me revuelven las entrañas.
Un tornado de emociones se me sube a la cabeza. Estoy a punto de desmayarme.
No veo más que la cara de mi hermano y la palabra "ICE" en la camiseta.

Rat Trails and Battlefields: All the Same

RICARDO

I wrote a side note to my therapist
while my brother was talking.
I wonder what he would say
about the sound of the helicopters
flashing in my brain

As he told me about following
the rat trail† in Arizona—
or is it Afghanistan—

I don't know right now

Rat trails y campos de batalla: no hay ninguna diferencia

RICARDO

Escribí un nota a mi terapista
mientras hablaba mi hermano.
Me pregunto qué diría él
sobre el sonido de los helicópteros
resonando en mi cerebro

Mientras me contaba lo de seguir
el *rat trail*[†] en Arizona
¿o era Afganistán?

Ahora mismo no lo sé

Arizona SB 1070†

RICARDO

Cherries and berries light up behind me—
The busted hooptie I was riding drew his eye.

The worn spots of the steering wheel comfort
my hands, perspiring from their locked grip.

        "Your immigration papers."
        "I need to verify your status."

I ask to go into my glove box.
Does the stippling of his Glock† massage his hand?

I reach,

                      He reaches

        Here's my military ID

Arizona SB 1070[†]

RICARDO

Detrás de mí, las luces de la tira[†] parpadean en rojo y azul.
Esa carcachita mía debe haber llamado su atención.

Las partes raídas del volante confortan
mis manos, sudorosas de tanto apretar.

> "Your immigration papers"
> "I need to verify your status"

Le pido permiso para abrir la guantera
¿Le masajea la mano la empuñadura rugosa de la Glock[†]?

Alargo mi mano

                              Alarga su mano

                    Aquí está mi tarjeta militar

To the Girl Who Lost Her Left Eye in J-Town, I'm Sorry

RICARDO

I flattened against the cement last night
when a truck backfired next to me. Just like
when my body collided with your dirt.
Levitating it, leaving it suspended, before
the three 500-lb. explosives detonated.
You were what, ten then? My kids are your age.
I hit them with three water balloons, bursting joy
over their heads. It's so hard to entertain them.
I'm bored, Xbox live is down, Hulu sucks.
You could hit a bicycle tire with a tree branch
for hours. My daughter is crying; she's being bullied
on TikTok, while my son has a play wedding.
Do you remember the tall Cherokee man,
your favorite among us, whose leg you'd run to hug,
the one you wanted to marry? He never really left there.
Finally, last year liberating himself. Liberty,
that's what we did there? Destroying your home,
while mangling your body.
                              I'm sorry. You Are Not My Enemy
though I should be yours... Maybe, one day I'll too
be free.
Until then, I still think of you.
Whose name,
I no longer remember.

A la muchacha que perdió su ojo izquierdo en J-Town, lo siento

RICARDO

Anoche me tiré contra el cemento
cuando una troca petardeó cerca de mí. Así como
cuando mi cuerpo chocó con tu tierra.
Haciéndola levitar, dejándola suspendida, antes de que
detonaran los tres explosivos de 500 libras.
¿Cuántos años tenías entonces? ¿Diez? Mis hijos tienen tu edad.
Les golpeo con tres globitos de agua, reventando alegría
sobre sus cabezas. Es tan difícil entretenerlos.
Me aburro, Xbox Live está caída, Hulu apesta.
Uno podría golpear una llanta de bicicleta con una rama de árbol
durante horas. Mi hija está llorando —la están acosando
en TikTok— y mi hijo está organizando una boda imaginaria.
¿Te acuerdas de aquel hombre Cherokee alto,
tu favorito entre nosotros, cuya pierna corrías a abrazar,
con el que querías casarte? En realidad, nunca se fue de allí.
El año pasado por fin se liberó. La libertad...
¿Es eso lo que hicimos allí? Destruimos tu casa
mientras destrozábamos tu cuerpo.
                              Lo siento. No eres tú mi enemiga
aunque yo debería ser el tuyo... Algún día, quizá, yo también
sea libre.
Hasta entonces, sigo pensando en ti.
Cuyo nombre,
ya no recuerdo.

I Love You, But

RICARDO

Mi Jefita looks distraught, oscillating between
her own history and my soul.

Hours, days, months with her knees bent *pidiéndole a la virgen*
Que me cuidara as I fought in Afghanistan.

Now she's staring into hell's image, Bouguereau's *Dante and Virgil*
groping with each spin of the wooden spoon

as the red paste rises to a boil, splattering her apron
with my childhood favorite meal.

I love him, he's my best friend, the one who slept on my couch
when I wanted to put my AR† to my mouth and be another dead vet.

I would have died for this country
because I believe it's for me and him.

I may have to marry him,
I tell the most important women in my life.

> My Fiance
> My Mother

I will marry him,
cause we ain't goin' nowhere.

Te amo, pero

RICARDO

Mi Jefita parece angustiada, oscilando entre
su propia historia y mi alma.

Horas, días y meses, arrodillada, *pidiéndole a la virgen*
que me cuidara mientras luchaba en Afghanistan.

Ahora está contemplando la imagen del infierno, el *Dante y el Virgilio*
de Bouguereau tanteando con cada vuelta de la cuchara de madera

mientras la pasta roja hierve, salpicando su delantal
con mi comida favorita de la niñez.

Lo amo, es mi mejor amigo y el que durmió en mi sofá
cuando quería meter el AR[†] en la boca y convertirme en otro
veterano muerto.

Habría muerto por este país
porque creo que es para mí y para él.

Puede que tenga que casarme con él,
se lo digo a las mujeres más importantes de mi vida.

> Mi Novia
> Mi Madre

Me casaré con él,
porque no vamos a ninguna parte.

2,572 miles separate Moses Lake, Washington,
my place of birth

and Colima, Mexico, his.
Neither of us had a role in how we got here.

Son 2.572 millas las que separan Moses Lake, Washington,
mi lugar de nacimiento

y Colima, México, el suyo.
Ninguno de los dos tuvo nada que ver con cómo llegó aquí.

The Realest Shit I've Ever Wrote

RICARDO

It's not easier to sleep with a full stomach
and a guilty conscience

Lo más real que he escrito

RICARDO

Tampoco es fácil dormir con el estómago lleno
y una conciencia culpable

THE
COLLABORATING
POETS

LOS
POETAS
COLABORADORES

Francisco

Francisco was twelve when he began working to relieve his parents' financial burdens. He was fired from his first job for being too young, but then obtained false documents and worked in the orchards. Driven by his status as the eldest male in the family, Francisco persisted in earning for his family, but this prevented him from participating in typical summer activities for youth and in any academic enrichment. He saved what money he could and attended community college. He'd planned to continue on to Eastern Washington University, until there was an issue with his WASFA (Washington Application for State Financial Aid) and he lost his benefits. Francisco still works two jobs and is saving to return to college. While struggling with his own immigration status, his drive to help others has become more urgent and he plans to pursue his Juris Doctorate and become an immigration attorney.

FRANCISCO: There were 9 people. It was a double wide trailer. Um, I don't remember if it was a regular 30-footer, but double wide trailer. Like there was a decent amount of space, but obviously, you know, like when it comes to sleeping, there's not enough rooms in a double wide. So, crash on the couch, air mattresses type of thing until we can get our own place, get an actual bed.

When we came back {to Royal City, Washington}, it was the same thing kind of happened. It was one day to the other. We didn't really have anywhere to stay. Um, so we had a family friend that we had known since my parents got to the states and, um, they had a little like 15-foot trailer that we stayed in for, I think like three or four months until the place where we live currently. The kitchen was kind of like the sleeping area and stuff like that. Cause it was just a little camping trailer that you pull behind

Francisco tenía doce años cuando empezó a trabajar para aliviar las cargas económicas de sus padres. Fue despedido de su primer trabajo por ser demasiado joven, pero luego consiguió documentos falsos y empezó a trabajar en los huertos. Impulsado por el hecho de ser el mayor de la familia, Francisco se empeñó en ganar dinero para mantenerla, pero esto le impidió tanto participar en las actividades de verano típicas de los jóvenes como enriquecerse a nivel académico. Ahorró todo el dinero que pudo y asistió a la universidad comunitaria, con la intención de continuar en la Eastern Washington University. Por desgracia, hubo un problema con su WASFA (*Washington Application for State Financial Aid* o Solicitud de Ayuda Financiera del Estado de Washington) que le hizo perder sus beneficios. Ahora, Francisco tiene dos trabajos y está ahorrando para ir a la universidad. Mientras lucha con su propia situación migratoria, su impulso por ayudar a los demás se ha vuelto más urgente: tiene previsto obtener un doctorado en Derecho y convertirse en abogado de inmigración.

FRANCISCO: Éramos 9 personas. En una casa móvil de doble ancho. Eh, no sé si de 30 pies o qué, pero de doble ancho. Había una cantidad decente de espacio, pero, obviamente, como cuando se trata de dormir, no hay habitaciones suficientes en un doble ancho, ¿sabes? Así que dormimos en el sofá, en colchones hinchables y todo eso, hasta que podamos tener una casa propia y una cama de verdad.

Cuando volvimos, sucedió más o menos lo mismo. Era de un día para otro. La verdad es que apenas teníamos dónde quedarnos. Bueno, teníamos este amigo de la familia al que conocíamos desde que mis padres llegaron a Estados Unidos, y éste tenía una tráila de 15 pies donde nos quedamos unos tres o cuatro meses hasta mudarnos al lugar donde vivimos

a freaking little Outback Subaru type of thing. So, it was tiny, but that's, you know, that's what we had.

At 13, when I was working, I never really worked by myself. I worked alongside my mother, so she would basically worry about the top half of the orchard trees. And since I was just that perfect height, I would just worry about that bottom section.

I've planted vineyards. One summer, I and two of our high school friends that were working for a vineyard. We planted acres on acres, on acres of a new vineyard. That's on one of the hills that's right next to our house. So, every time I see that hillside I'm like I planted all those vineyards. The work consists of mid-summer heat. So a hundred degree weather, you know, no shade because it is a vineyard. So there's no shade, you know, dryness, every time you step, every time you walk down the little line, it's so dry because it's only a drip vineyard and there's like dust coming up. And if it's windy, there's nothing to protect you from the wind and all that dry dirt that's coming at your face.

ahorita. Hasta la cocina servía como una zona para dormir,
¿me entiendes? Porque no era más que una tráila pequeña de
camping que iba detrás de algo así como un maldito Outback
Subaru. Era chiquitita, pero eso es, bueno, es lo que
teníamos, ¿sabes?

A los 13 años, cuando trabajaba, nunca trabajé solo.
Trabajaba junto a mi madre, así que ella se encargaba
básicamente de la parte superior de los árboles y yo,
como tenía la altura perfecta, me concentraba en la parte
inferior.

He plantado viñas. Un verano, junto con dos amigos de la
secundaria que trabajaban en un viñedo. Plantamos acre tras
acre tras acre de un nuevo viñedo. Una de las colinas se
encuentra justo al lado de nuestra casa. Entonces, siempre
que veo esa ladera estoy como, yo planté todo eso. Es
trabajo de verano. O sea que se hace con temperaturas de
100 grados, y no hay sombra porque es un viñedo, ¿sabes?
Así que no hay sombra, ya sabes, la sequedad ... Cada vez
que pisas, cada vez que paseas por una pequeña hilera, está
todo tan seco porque se trata de un viñedo de goteo y el
polvo está levantándose con cada paso. Y si hace viento, no
hay nada que te proteja del viento ni de todo ese polvo que
tienes en la cara.

Centavo

Since he was a child, Centavo has worked to provide for his family. He was born in California and when he was little, he was taken back to Mexico with his younger brother. Living in poverty, he worked in agriculture to help his family make ends meet but without true guidance, Centavo fell into a life working for drug traffickers who exploited his youth and naiveté, enticing him with the glamor of money, drugs and women who did not have his best interests at heart. He was trafficked by these dealers, taken back into the United States, forced to hide underneath a semi-truck. All the while, Centavo did not know that he was an American citizen. After returning to his home in Tequila, Mexico, his mother informed him of his status as an American. Then, Centavo decided to move to California. After returning to his birthplace of California, he was once again recruited by family to work for drug traffickers. The situation ended badly and Centavo had to flee California.

He landed in Eastern Washington. There, he worked diligently in the fields, picking apples, in the potato factory and eventually he drove a semi. He would not allow himself to fall into the same trap that had led him into trafficking. Centavo worked hard to save money and purchase a semi truck of his own. From that point on, he became a diligent entrepreneur, an owner/operator of his truck, and he purchased a farm labor company, a restaurant and, recently, his own onion farm. After being raised in poverty, receiving only a middle school education, and surviving human trafficking, he is now a successful businessman who is raising a family.

Desde que era un niño, Centavo ha trabajado para mantener a su familia. Nació en California y cuando era pequeño lo llevaron a México con su hermano menor. Como eran pobres, Centavo trabajó en la agricultura para ayudar a su familia a llegar a fin de mes, pero, sin ninguna verdadera orientación, Centavo se involucró con algunos narcotraficantes y comenzó a trabajar con ellos. Se aprovecharon de su juventud e ingenuidad y lo sedujeron con el glamour del dinero, las drogas y las mujeres que no se preocupaban por sus mejores intereses. En algún momento, los traficantes llevaron a Centavo a Estados Unidos, obligándole a esconderse en el compartimiento de carga del semirremolque. Durante todo ese tiempo, Centavo no sabía que era ciudadano estadounidense, pero cuando regresó a su casa en Tequila, México, su madre se lo dijo. Fue entonces cuando decidió volver a California, su lugar de nacimiento. Al llegar, fue reclutado por unos familiares para trabajar de nuevo para los narcotraficantes. La situación acabó mal y Centavo tuvo que huir de California.

Finalmente llegó a Othello, Washington, donde trabajó con diligencia en un manzanar, en una fábrica de papas y, más tarde, como camionero. Centavo no iba a permitirse caer en la misma trampa que antes. Trabajó mucho para ahorrar y, con el tiempo, compró su propio semirremolque. A partir de entonces, se convirtió en un diligente empresario: además de ser propietario/operador de su semi, compró una empresa de trabajo agrícola, un restaurante y, luego, una granja de cebollas. Tras criarse en la pobreza, recibir sólo una educación media y sobrevivir al tráfico de personas, ahora está trabajando como empresario exitoso y formando una familia.

CENTAVO: I only had one jean for Sunday for church. One jean that was nice, a white one, Levi's. I got some huaraches, sandals and I have one picture my dad sent me with my favorite shirt. I had it for 2 years. I only wore it one time a week. The others [knew] I was poor, skinny, no vitamins, no nothing. Just me and my brother. We go on to the cornfields. And I start when I was five years old, just cutting the corn with a machete and my little brother, like four years old, he started bleeding on his hand and I be tough to him like no keep going, we need to finish the line. We needed to bring food to my mom. And he's holding his hands bleeding, only four years old. He not even know what's going on.

And I take him on my bike. I ride the bike and my brother on the frame. I just go work every day. Every day.

RICARDO: So how much did they pay you?

CENTAVO: They pay me like two dollars a day. Two dollars a day about that. So that's nothing, nothing. So I start getting and doing bad stuff. That's why the people in Mexico that are narcos, they're robbing, they're mean because they're hungry, they don't got no food. They don't got no money. They don't got no love.

CENTAVO: Sólo tenía un jean para los domingos, para la iglesia. Un jean que era bonito, un jean blanco, Levi's. Conseguí unos huaraches, sandalias, y tengo una foto que me envió mi papá con mi camisa favorita. La tuve durante 2 años. Me la ponía sólo una vez por semana. Los demás sabían que yo era pobre, flaco, sin vitaminas, sin nada. Sólo mi hermano y yo. Vamos a las milpas. Y empiezo a los cinco años, cortando el maíz con un machete y mi hermanito, de unos cuatro años, empezó a sangrar por la mano, le digo que no, que siga, que tenemos que terminar la hilera. Teníamos que llevarle comida a mi mamá. Y él está sosteniendo sus manos, sangrando, con sólo cuatro años de edad. Ni siquiera sabía lo que estaba pasando.

Y lo llevo en mi bicicleta. Voy en la bici con mi hermano en el cuadro. Voy al trabajo todos los días. Todos los días.

RICARDO: ¿Y cuánto cobraste?

CENTAVO: Me pagan como dos dólares al día. Dos dólares al día más o menos. Y eso no es nada, nada. Así que empiezo a hacer cosas malas. Es por eso que la gente en México, los que son narcos, que están robando, son malos porque tienen hambre, no tienen nada de comida. Nada de dinero. Nada de amor.

Guadalupe

Guadalupe is the mother of three children. She is from Guerrero, Mexico. When she was eleven, after completing sixth grade, she began working at her family's tortilla factory. At eighteen, she met the man she calls the love of her life and they were married. During that time, she would earn $150 pesos a day (roughly $15 dollars). To put this in perspective: the price of a chicken hovered near $100 pesos. The couple did not have enough money to get by. Her husband, who had worked in the bean and corn fields of Mexico, wanted to use his skills for better pay. With little education and facing a poor job market in Guerrero, the young couple set off to the United States. Originally, the plan was to relocate temporarily, earn enough in the US and return to Mexico where they would buy their own land to work and support themselves. As time passed and their family grew, the temporary relocation in the US has become permanent.

Guadalupe and her children, like many others, live in between two cultures. She misses home, her family and she fears for the lack of security she has in the U.S. Though the couple still both work in agriculture, they have struggled to get ahead and secure the freedom and opportunities that they believed they would find. When asked if she could change the past and make the choice again to come to the US, Guadalupe doesn't believe that she would. She feels that she and her husband should have tried to make a life in Mexico. Though that is how she feels now, she keeps her determined focus on how to provide opportunity to her children.

Guadalupe, una madre de tres, es de Guerrero, México. Al terminar el sexto de primaria a los once años, empezó a trabajar en la tortillería de su familia en México. A los dieciocho, conoció al hombre al que llama el amor de su vida y se casó con él. En aquellos días, ella ganaba 150 pesos al día (unos 15 dólares). Para poner esto en perspectiva: el precio de un pollo rondaba los 100 pesos. La pareja no tenía suficiente dinero para sobrevivir. Su marido, que había trabajado en los campos de frijoles y maíz de México, quería aprovechar sus habilidades para obtener un mejor sueldo. Pero, dada su falta de formación y el pésimo mercado laboral de Guerrero, la joven pareja decidió partir hacia Estados Unidos. El plan original era trasladarse de forma temporal, ganar lo que necesitaban en EE.UU. y volver a México donde podrían comprar un terreno propio para trabajar y mantenerse.

A medida que pasaba el tiempo y su familia crecía, este traslado temporal se convirtió en algo permanente, de modo que Guadalupe y sus hijos —como muchos otros— viven entre dos culturas. Guadalupe extraña su hogar y su familia y se preocupa por la falta de seguridad que tiene en Estados Unidos. Tanto ella como su marido siguen trabajando en la agricultura, pero han luchado por salir adelante y lograr la libertad y las oportunidades que creían que les esperaban en este país. Cuando se le pregunta qué haría si pudiera volver atrás y cambiar su decisión de venir a Estados Unidos, Guadalupe dice que sí, que probablemente la cambiaría. Cree que deberían haber intentado hacerse una vida en México. Aunque así es como se siente ahora, sigue resuelta y decidida a ofrecer a sus hijos las mejores oportunidades.

RICARDO: How do you feel that in many ways you feel you are caged?

GUADALUPE: Well the truth is, I really got over my fear two years ago, when a person I knew told me that I didn't have to live in fear, because the fear that I was living with was being passed on to my children. And my children, even though they could do many things here, fear was going to stop them too. So now it's not that I don't live in fear, I live in worry, because I don't know what the next few years will bring because he (her husband) won't be able to work in the fields anymore.

RICARDO: ¿Y cómo te sientes que en muchas maneras estás enjaulada?

GUADALUPE: La verdad es que ya superé ese miedo hace unos años, cuando un conocido me dijo que no debía vivir con miedo, porque el miedo con el que yo vivía, pues, lo estaba transmitiendo a mis hijos. Y mis hijos, aunque pudieran hacer muchas cosas aquí, el miedo también iba a detener a mis hijos. Entonces, no es que yo ahora no viva con miedo, sino que vivo preocupada, porque no sé qué nos van a traer los próximos años, porque él (su marido) ya no va a poder trabajar en el campo.

Ramiro

What Ramiro lacks in stature, he makes up for with an abundance of love and a powerful work ethic. Ricardo has known him for years as his best friend's dad. Ramiro is a 45-year-old farm worker from the state of Michoacán. Growing up in a poor family meant that Ramiro was only able to attend school until sixth grade. After that, his family needed him to help support them. In 1994, when he was eighteen, Ramiro, newly married, made his first trip to the United States to work in the fields. He found himself in Eastern Washington, working in the apple orchards. During his first week, he was told to enter an orchard that had been sprayed with pesticide. The results he suffered from the chemical poisoning nearly killed him. To this day, he has respiratory conditions that impede his health. Even so, he continued to work to provide for his family, traveling back to Mexico to be with his wife until the next season. This cycle continued until 1999 when Ramiro and his wife chose to come together, leaving their 2-year-old son behind with Ramiro's parents. After that farming season ended, Ramiro's parents revealed to the couple that the child, Francisco, had spent much of the time they were away in the hospital.

This changed the course of the family as Ramiro and his wife were not going to separate the family again. They planned to return to Mexico to get their son. First, Ramiro established himself as more than just a laborer in the US, and took year-round employment. Then, he sent for his wife and son. On his wife's journey across the rugged Arizona border, she was separated from the group she was traveling with. She, Francisco, and her brother were lost in the desert alone. For two weeks they wandered. Nearing the point of dehydration, they came across another group crossing that provided them food and water. Then, this band of travelers took Ramiro's wife and son Francisco with them. They

Lo que a Ramiro le falta en estatura, lo compensa con una abundancia de amor y una fuerte ética laboral. Ricardo lo conoce como el padre de su mejor amigo. Ramiro es un trabajador agrícola de 45 años del estado de Michoacán. Al crecer en una familia pobre, Ramiro sólo pudo ir a la escuela hasta el sexto grado. Después de eso, su familia necesitaba que les ayudara a mantenerse. En 1994, recién casado con dieciocho años, Ramiro realizó su primer viaje a Estados Unidos para trabajar en el campo. Fue a parar en el este de Washington, donde trabajaría en los manzanares. Durante su primera semana, le mandaron entrar en un huerto que había sido rociado con pesticidas. Fue envenenado químicamente y, como resultado, estuvo a punto de morir. Hasta el día de hoy, sufre una enfermedad respiratoria que le afecta a la salud. A pesar de todo esto, volvió a trabajar para mantener a su familia y viajó cada año a México para estar con su esposa hasta la siguiente cosecha. Este ciclo no se rompió hasta 1999, cuando Ramiro y su esposa decidieron ir juntos a Estados Unidos y dejar a su hijo de dos años con los padres de Ramiro; pero una vez terminada esa temporada de cultivo, los padres de Ramiro les avisaron de que el niño, Francisco, había pasado gran parte de ese tiempo en el hospital.

Este acontecimiento provocó un cambio total en el rumbo de la familia: Ramiro y su esposa decidieron que no volverían a separar a la familia. Iban a volver a México para recoger a su hijo. Primero, Ramiro demostró ser algo más que un mero peón agrícola en Estados Unidos y consiguió trabajo durante todo el año. Luego, fue a buscar a su mujer e hijo. En el viaje que hizo su esposa a través de la escarpada frontera de Arizona, se separó del grupo con el que viajaba y ella, su hermano y el pequeño Francisco se encontraron perdidos en el desierto, solos. Llevaban dos semanas deambulando solos cuando —al borde de la deshidratación— se cruzaron con otro grupo que les ofreció comida y agua. Esta banda de

were smugglers who then extorted Ramiro, forcing him to borrow money from friends to free his wife, child and brother-in-law.

Ramiro's kindness and generosity is something special. Within him there is no darkness or deceit, only abounding love. He knows how to work and does so proudly. When asked if he would make the same choice again he said he would. His goal is to teach his children to be studious, and to follow the right path.

RAMIRO: It's a difficult job. I can tell you something. When I came from Mexico to the United States it was very difficult because the first year I came I was poisoned with *el putalla* (unknown substance). It was difficult for me because I was alone. My wife was in Mexico and my mindset was who could take me to be cured. I was two days intoxicated with the poison so I asked my friend to call my wife because I didn't know if I was going to live. I was almost gone. But it turns out that a woman came and found me. I believe that for the person that doesn't know about being poisoned they'll think it's no big deal but it's beyond what a person can imagine. The pain you feel in your body. So I told my friend to call my wife because I didn't know if I was going to live or make it home to her. For me I had decided that I was going to die.

So, the work in the fields is not that easy. Once poverty causes the person to push forward here. To earn money to send back and provide for your family. Because the work in the fields isn't easy. Really, when you come the work is all you have. There is nothing else to do but work and earn.

viajeros se ofreció a ayudarles, pero resultaron ser traficantes que luego extorsionaron a Ramiro, obligándole a pedir dinero a unos amigos para liberar a su esposa, su hijo y su cuñado.

La bondad y la generosidad de Ramiro son realmente excepcionales. En él no hay maldad ni engaño, sólo un amor sin límites. Sabe bien lo que es el trabajo y trabaja con orgullo. Cuando se le preguntó si volvería a tomar la misma decisión, dijo que sí. Su objetivo es enseñar a sus hijos a ser estudiosos y a seguir el camino correcto.

RAMIRO: Es un trabajo difícil. Te diré algo. Cuando vine de México a Estados Unidos fue muy difícil porque el primer año fui envenenado con el putalla (sustancia desconocida). Fue difícil para mí porque estaba solo. Mi esposa estaba en México y yo me preguntaba quién podría llevarme a ser curado. Llevaba dos días intoxicado cuando le pedí a mi amigo que llamara a mi mujer porque no sabía si iba a vivir. Estaba casi muerto. Pero resulta que una mujer me encontró. Creo que la persona que no sabe lo que es estar envenenado pensará que no es gran cosa pero es más allá de lo que una persona puede imaginar. El dolor que sientes en tu cuerpo. Entonces, le dije a mi amigo que llamara a mi mujer porque no sabía si iba a vivir o poder volver a casa con ella. Ya había decidido que iba a morir.

Así que el trabajo en el campo no es tan fácil. Una vez aquí, la pobreza nos empuja a seguir adelante. Para ganar dinero para enviar a la familia y mantenerla. Porque el trabajo en el campo no es fácil. Cuando llegas, el trabajo es lo único que tienes. No hay nada más que hacer, sólo trabajar y ganar.

Patty

Patty's story holds examples of the many failures of the immigration system in America. She was nine years old when her family crossed into the US, hoping to begin a new phase of their lives and unite her family. As a young girl in Mexico, she didn't have the opportunity to know her father. He was away working in the states, sending money back to provide for his children. Patty's first memories of him were when she was eight years old, a year before she crossed the border. On their way to what would become their first home in California, the bus they were riding in was stopped by U.S. Border Patrol and she was detained with her mother. But because her father was a legal US resident, he submitted the paperwork to begin the immigration process for his wife and children and they were not deported. After being in California for two years, the family planned to move to Eastern Washington. Patty was sent with some relatives and her parents would follow. During her first month in Othello, Washington, she was alone with strangers. When her father and mother came, they failed to fill out a change of address form. The summons from Immigration and Naturalization Services (INS) did not reach the family in their new home and Patty and her mother were placed on immediate deportation status.

When Patty was sixteen and newly married, her mother was detained and deported. Patty returned to her father's home to help with her younger siblings until her mother re-entered the country. But as time went on, Patty herself was not safe: nine years after her mother's deportation, officers from Immigration and Naturalization tracked her to the community health center where she worked as a nurse. The officers paraded her in front of her colleagues, marching her out of the health agency and back to her parents' house. They detained and deported Patty. Though she had no criminal record, she was sent to Mexico. To be separated from her family, her husband, her career—all because she had

La historia de Patty saca a la luz algunos de los muchos defectos del sistema de inmigración estadounidense. Patty tenía nueve años cuando su familia cruzó a Estados Unidos, deseando reunirse con otros miembros de la familia y comenzar una nueva etapa en sus vidas. De pequeña, no tuvo la oportunidad de llegar a conocer a su padre. Él estaba trabajando en Estados Unidos y enviando dinero a México para mantener a su familia. Los primeros recuerdos que Patty tiene de su padre son de cuando tenía ocho años —un año antes de cruzar la frontera—. De camino a lo que sería su primera casa en California, el autobús en el que viajaba con sus padres fue parado por unos agentes fronterizos y Patty y su madre fueron detenidas. Pero no fueron deportadas gracias a que su padre, que era residente legal en EE.UU., presentó la documentación para iniciar los trámites de inmigración para su familia. Después de dos años en California, la familia decidió trasladarse al este del estado de Washington. Patty hizo el viaje con algunos familiares antes de que sus padres pudieran acompañarla y, por tanto, se encontró a solas entre desconocidos durante su primer mes en Othello. Tras llegar a Othello, sus padres se olvidaron de rellenar el formulario de cambio de dirección y, en consecuencia, la citación del Servicio de Inmigración y Naturalización (INS, por su sigla en inglés) no llegó a su nuevo domicilio. Patty y su madre fueron puestas en situación de deportación inmediata.

Patty tenía dieciséis años y estaba recién casada cuando deportaron a su madre. Regresó a la casa de su padre para ayudar con sus hermanos menores hasta que su madre consiguió volver al país. Sin embargo, con el paso del tiempo, Patty se dio cuenta de que ella misma no estaba a salvo: nueve años después de la deportación de su madre, los agentes de Inmigración y Naturalización la rastrearon hasta el centro de salud comunitario donde trabajaba como enfermera. Los agentes la hicieron desfilar delante de sus compañeros, la sacaron del edificio y la llevaron

not attended a court hearing as a child—was devastating. She returned to the US again and petitioned for citizenship with the court. The petition has been pending for seven years. Her lawyer is unsure whether or not she will be granted permanent residency. Patty is a caregiver to many, a valued member of her church and part of a large, vibrant family. Because of a choice made for her as a child, she may, at any time, be removed from the only home she's known.

PATTY: I remember I was nine years old when I was brought to the United States and I remember parts of my story, of my history over there. I was really young, but that still has some memories that I want to know. I hope I never give it up.

It was scary, I was scared, especially because he (my father) would say that it's the United States and it's a different language and I mean, you're used to something and all of a sudden you get here and nobody talks to you the same. You don't understand what they're saying. I was scared for that.

And I was scared, like you said, I didn't know my dad. But I wanted to be with him. I wanted to be like my friends that had their parents in Mexico, to actually get to be with him and love him and for him to show me love. That's what I wanted. And that's what kind of made me brave to accept what he was.

a la casa de sus padres. La detuvieron y la deportaron. Aunque no tenía antecedentes penales, Patty fue enviada a México. Ser separada de su familia, de su marido y de su profesión —todo por no acudir a una audiencia judicial cuando era pequeña— fue devastador. Volvió a EE.UU. y solicitó la ciudadanía ante el tribunal. Su petición está pendiente desde hace siete años. Su abogado no está seguro de si se le concederá o no la residencia permanente. Patty es cuidadora de muchas personas, miembro valioso de su iglesia y parte de una familia grande y vibrante. Como consecuencia de una decisión que sus padres tomaron por ella cuando era una niña, es posible que en cualquier momento la echen del único hogar que conoce.

PATTY: Recuerdo que tenía unos nueve años cuando me trajeron a Estados Unidos y recuerdo fragmentos de mi historia, de mis experiencias allí. Era muy joven, pero ese lugar aún guarda algunos recuerdos que quiero descubrir. Espero no perderlo nunca.

Me daba miedo, estaba asustada, sobre todo porque él (mi padre) me dijo que es Estados Unidos y es un idioma diferente, o sea, estás acostumbrada a una cosa y, de repente, llegas aquí y nadie te habla de la misma manera. No entiendes lo que dicen. Tenía miedo por eso.

Y tenía miedo, como dijiste, porque no conocía a mi papá. Pero quería estar con él, quería ser como mis amigos que tenían sus padres allí con ellos en México, quería poder estar cerca de él y amarlo y que él me mostrara amor. Eso es lo que quería. Y eso, creo, es lo que me hizo ser lo suficientemente valiente para aceptar quién era.

Unnamed

This member of Ricardo's community did not wish to share a bio.

Anónimo

Este miembro de la comunidad de Ricardo no quiso compartir su biografía.

Salvador

Salvador started working in the fields in Mexico when he was nine years old. He worked after school and then practiced soccer until it was time for bed. He dreamed of playing soccer in the future and was awarded a scholarship to play at a prep school in Puebla, Mexico. Though he wanted to stay in school and play soccer, that choice would have increased the financial burden on his family. They were being supported by his eldest brother who was working construction jobs in Northern California.

Salvador left school to come to America and provide for himself. He was fifteen. His brother paid the smugglers to guide him through the Arizona desert and take him to California. But he struggled to find his way in the new country. He walked the streets in industrial districts trying to do any work he could. Ultimately, he went to construction stores, stood outside, and waited for someone who needed assistance. Soon, he met and worked for a person putting in tile floors. He spent the day removing tiles and then he was offered the chance to come back. His boss was Mexican and respected Salvador's work ethic, so Salvador continued, learning the trade from him. After some time at the position, he moved to another company where he continued to install flooring. This boss spoke no Spanish so Salvador would carry a pocket dictionary, working to learn English. This company took a contract installing floors for a technology industry manufacturer and Salvador was placed on a team traveling across the country. The long time away on the road was hard on him. He'd found love and had married, so he left the itinerant position and moved to Portland, Oregon. Once again, he went to building supply stores and waited for people who might need help. Outside a hardware store, he saw an elderly man struggle to load plywood sheets into his vehicle. Salvador approached him to see if he needed help and as he provided a hand, loading the materials, the man spat on him and called him "a dirty beaner." Salvador decided to move on. He asked his

Salvador empezó a trabajar en los campos de México a los nueve años. Trabajaba después de la escuela y luego practicaba fútbol hasta la hora de acostarse. Soñaba con jugar al fútbol, y le otorgaron una beca para jugar en una escuela privada en Puebla. Aunque deseaba seguir estudiando y jugando al fútbol, sabía que eso habría aumentado la carga financiera de su familia. (Su hermano mayor, que trabajaba en la construcción en el norte de California, los mantenía.)

Así que —con tan solo quince años— Salvador decidió abandonar sus estudios para venir a Estados Unidos y mantenerse por sí mismo. Su hermano pagó a unos traficantes para que lo guiaran a través del desierto de Arizona hasta California, pero, una vez allí, Salvador tuvo dificultades para encontrar el camino. En busca de trabajo, recorría las calles de las zonas industriales y se paraba fuera de los almacenes de construcción para esperar a alguien que necesitara ayuda. Pronto conoció a alguien que instalaba pisos cerámicos y, después de pasar el día ayudándole a quitar baldosas, se le ofreció la oportunidad de volver. Este hombre, el jefe, era un mexicano que respetaba la ética de trabajo de Salvador, así que éste decidió seguir trabajando con él para aprender el oficio. Después de un tiempo, se trasladó a otra empresa donde siguió instalando pisos. El jefe de esta empresa no hablaba español, y por eso Salvador llevaba un diccionario de bolsillo consigo y se esforzaba por aprender inglés. Cuando esta empresa aceptó un contrato de instalación de pisos para un fabricante de la industria tecnológica, Salvador fue colocado en un equipo que viajaba por todo el país instalando pisos. Pero las largas temporadas de viaje le resultaron muy duras. Había encontrado el amor y se había casado, así que dejó el puesto itinerante y se trasladó a Portland, Oregón. Una vez más, se dirigió a los almacenes de materiales de construcción para esperar a quienes pudieran necesitar ayuda. Fuera de una ferretería, vio a un anciano que tenía dificultades para cargar láminas de madera

father to introduce him to an aunt he had heard about who lived in Eastern Washington. She opened up her home to him and helped him obtain a driver's license. His uncle helped him find work in the blueberry fields until he could find work in construction.

These days, Salvador operates his own construction company, employing a crew of five. Though he dreams of being able to purchase his own home, he fears doing so because of his immigration status. During his free time, he plays soccer with his children. He doesn't regret coming to the US because he feels that his choice has helped his family, both here and in Mexico. His parents are well-fed, clothed, and have secure housing. His children are able to freely study without having to work. His son plays soccer on an elite traveling team. Though it is difficult for Salvador to not see his parents or have his children have a relationship with them, he is living his own American dream.

SALVADOR: As a human being, one has many feelings and then one begins to see, suddenly, when a family member has come before, one begins to see that one's family may not have much economically, but at least they are a little better off, they walk better, they have clothes, they have shoes, they don't lack food. And that's when you start to see, "Well, I don't want to see my father suffering like he is, my brothers and sisters like they are," the younger ones more than anything else, you see them and it makes you sad to see them.

You go to school and most of those who are better off economically have money to buy and you have nothing. You see your siblings just watching how the kids can buy a cake, a juice, because they can't buy much either. And that's where you start, "No, I want to help my family, I want to help them. I want to give them something. I don't want them to suffer."

contrachapada en su vehículo. Salvador se acercó para ver si necesitaba ayuda y, mientras le echaba una mano cargando los materiales, el señor le escupió y le llamó un *"dirty beaner"*. Salvador decidió que necesitaba un cambio. Le pidió a su padre que le presentara a una tía suya que vivía en el este de Washington y de la que Salvador había oído hablar. Ella le abrió las puertas de su casa y le ayudó a sacarse la licencia de conducir mientras su tío le ayudó a encontrar trabajo en los campos de arándanos hasta que pudo encontrar trabajo en la construcción.

En la actualidad, Salvador dirige su propia empresa de construcción con un equipo de cinco personas. Aunque sueña con la posibilidad de comprar una casa propia, le da miedo hacerlo debido a su estatus migratorio. En su tiempo libre, juega al fútbol con sus hijos. No se arrepiente de haber venido a Estados Unidos porque cree que esta decisión ha ayudado a su familia, tanto aquí como en México. Sus padres están bien alimentados y vestidos y tienen una vivienda segura. Sus hijos pueden estudiar libremente sin necesidad de trabajar. Su hijo juega al fútbol en un equipo itinerante de élite. Aunque a Salvador le resulta difícil no ver a sus padres y ser consciente de que sus hijos no tienen una relación con ellos, cree que está viviendo su propio sueño americano.

SALVADOR: Como ser humano, uno tiene muchos sentimientos y entonces empieza a ver, de repente, cuando un miembro de la familia ha venido antes, uno empieza a ver que su familia puede no tener mucho económicamente, pero al menos están un poco mejor, caminan mejor, tienen ropa, tienen zapatos, no les falta comida. Y es entonces cuando empiezas a reconocer: "Bueno, no quiero ver a mi padre sufrir como está sufriendo, ni a mis hermanos tampoco", los más pequeños más que nada, los ves y te pone triste verlos así.

Vas a la escuela y la mayor parte de los que están mejor económicamente tienen dinero para comprar y tú no tienes nada. Ves a tus hermanos viendo cómo los demás pueden comprar un pastel, un jugo, porque ellos tampoco pueden comprar mucho. Y ahí es donde empiezas a decir: "No, yo

And that's when you start to say, "No, I'm going to go to the United States," because it's really the only option you have there. Sometimes it's not that you want to come, it's that there is no other option.

quiero ayudar a mi familia, quiero ayudarlos. Quiero darles algo. No quiero que sufran".

Y es entonces cuando empiezas a decir: "No. Voy a ir a Estados Unidos", porque es realmente la única opción que tienes. A veces no es que quieras venir, es que no hay otra opción.

David

David Ruiz is poet Ricardo Ruiz's older brother. He is also one of Ricardo's best friends. While Ricardo was serving in the US military overseas in Afghanistan, David sent monthly care packages to his team. Ricardo remembers those weapons parts—slings and magazines—as well as American cigarettes, homemade beef jerky, Ricardo's favorite candy (Tootsie Rolls), and every soldier's favorite: Wet Wipes. As a teenager, David took Ricardo, his annoying little brother, to the movies when he had dates. Though Ricardo probably cramped his style, David never complained. Today, he is a caring husband and the father to four strong, smart and beautiful women. The brothers don't always see eye to eye on politics and the world, but they still spend every holiday together, join in heated arguments around the dinner table and end every conversation with "I love you."

Since Ricardo is eight years younger, the brothers had different upbringings. David was the one who helped their mother study for the Civics section of the naturalization exam. Ricardo remembers spending some time out in the fields with their parents as a child. David was out picking the bottom levels of the trees every weekend.

Ricardo states that his brother serves the United States with honor and takes his job seriously. He also notes the perks of having a brother who works for ICE: David has been a fountain of information to many people who have had immigration issues. Though Ricardo knows he could never do the work that David does, he is happy that it is David who is on the other side—that way there is someone from the community who understands and cares about displaced people.

David Ruiz es el hermano mayor del poeta Ricardo Ruiz. Es, además, uno de sus mejores amigos. Mientras Ricardo servía en Afganistán con el ejército de EE.UU., David enviaba a su equipo un *care package* cada mes. Ricardo recuerda bien esos paquetes: los accesorios para las armas — eslingas y cargadores— así como los cigarrillos americanos, el charqui casero, el dulce favorito de Ricardo (los *Tootsie Rolls*), y lo que más le gusta a todo soldado: las toallitas húmedas. De adolescente, David dejaba que su molesto hermanito le acompañara al cine con sus citas. Esto probablemente arruinó su vibra, pero David no se quejó nunca. Hoy es un marido cariñoso y el padre de cuatro mujeres fuertes, inteligentes y hermosas. Ricardo y David no siempre están de acuerdo en lo que respecta a la política y al mundo, pero aún así pasan todas las fiestas juntos, participando en acaloradas discusiones alrededor de la mesa y terminando cada conversación con "*I love you*".

Debido a su diferencia de edad (Ricardo es ocho años menor), los hermanos experimentaron crianzas distintas. Fue David el que ayudó a su madre a estudiar para la sección de educación cívica del examen de naturalización. Ricardo se acuerda de haber pasado tiempo en el campo con sus padres cuando era niño. David solía pizcar las manzanas de la mitad inferior de los árboles todos los fines de semana.

Ricardo afirma que su hermano sirve a los Estados Unidos con honor y que se toma su trabajo en serio. También señala las ventajas de tener un hermano que trabaja para ICE: David ha sido una fuente importante de información para muchos que han tenido problemas relacionados con la inmigración. Y aunque Ricardo sabe que nunca podría hacer el trabajo que hace David, se alegra de saber que es su hermano quien está ahí fuera, porque significa que hay alguien de la comunidad que entiende y se preocupa por las personas desplazadas.

DAVID: While we were walking, I talked to people, you know, I really talked to the people all the time when I was out there, these guys, they said they were from Chihuahua.

And I was like, oh, really? ... So I called Mom and I was like, "Mom, do you know these people?" And Mom's like, "Well, personally, I don't know him, but I wouldn't be surprised that they know our relatives or they're somehow related to us."

They were starving and thirsty. And I gave him my lunch and I gave him some water and I still arrested him. But I was nice. I was kind and you know, those guys stuck in my head.

DAVID: Mientras caminábamos, hablaba con la gente, ¿sabes?, realmente hablaba con la gente todo el tiempo cuando estaba allí fuera. Y estos muchachos decían que eran de Chihuahua.

Y yo estaba como, oh, ¿en serio? ... Entonces llamé a mamá y le dije: "Mamá, ¿conoces a esta gente?" Y mamá dijo: "Bueno, personalmente, no, pero no me sorprendería que conocieran a nuestros familiares o que estuvieran relacionados de alguna manera con nosotros".

Estaban hambreados y con sed. Y le di mi almuerzo a uno de ellos y le di un poco de agua y aún así lo aresté. Pero fui amable. Fui amable y, ya sabes, esos muchachos se me quedaron grabados en la cabeza.

Ricardo Ruiz

Ricardo Ruiz is a multi-dimensional writer of poetry and prose. The son of potato factory workers, Ricardo hails from Othello, Washington and his works often draw from his experience as a first-generation Mexican-American and a Disabled Combat Veteran.

Ricardo's parents were from Mexico. His father was an only child raised in Ciudad Juarez. Every day, he walked across the border to attend school in El Paso, Texas. He graduated from Linda Patterson High School. Ricardo's mother, the eldest female in a family of ten, grew up in Ciudad Cuauhtémoc, Mexico. After meeting and getting married, Ricardo's parents had their first child, Carlos, and came north to Othello, Washington. Their first jobs were in the fields and, with permanent residency, they were able to work in the potato factories in town. They worked at the same factory for more than thirty years. His mother lives in the same house that she and her husband purchased in 1979. Ricardo's father passed away in 2021.

When Ricardo was young, his parents worked long hours. Ricardo is the youngest of three and is ten and eight years younger than his two older brothers. As a child, Ricardo spoke little English and spent elementary school in English-as-a-Second-Language classes. He became friends with local gang members and first smoked weed when he was nine years old. Ricardo considered joining the gang—which would offer him a community and a visible importance within it. As he grew, so did his addiction to drugs and alcohol. Eventually he sold narcotics to support his addiction. After a long-term suspension from high school, he eventually dropped out.

Ricardo Ruiz es un escritor multidimensional de poesía y prosa. Hijo de trabajadores de una fábrica de papas, Ricardo es de Othello, Washington, y su obra se basa a menudo en su experiencia como mexicoamericano de primera generación y veterano de combate discapacitado.

Los padres de Ricardo eran de México. Su padre era hijo único y se crió en Ciudad Juárez. Todos los días cruzaba la frontera a pie para asistir a la escuela en El Paso, Texas, se graduó en Linda Patterson High School. La madre de Ricardo, hija mayor de una familia de diez, creció en Ciudad Cuauhtémoc, México. Después de que los padres de Ricardo se conocieron y se casaron, llegó su primer hijo, Carlos, y la familia viajó al norte hasta Othello, Washington. Sus primeros trabajos eran en el campo pero, con la residencia permanente, pudieron pasar a trabajar en las fábricas de papas del pueblo. Trabajaron en la misma fábrica por más de treinta años. Su madre vive en la misma casa que ella y su marido compraron en 1979. El padre de Ricardo falleció en 2021.

Cuando Ricardo era joven, sus padres trabajaban muchísimas horas. Ricardo es el menor de tres hermanos; tiene diez y ocho años menos que sus dos hermanos mayores. De niño, Ricardo hablaba poco inglés y pasó la escuela primaria en clases de inglés como segundo idioma. Se hizo amigo de algunos miembros de una pandilla local y fumó marihuana por primera vez a los nueve años. Ricardo pensó en unirse a la pandilla, lo que le brindaría una comunidad y una importancia visible dentro de ella. A medida que crecía, también lo hacía su adicción a las drogas y al alcohol. Con el tiempo, vendió narcóticos para poder mantener su adicción. Fue suspendido de la escuela secundaria durante un largo periodo de tiempo y finalmente optó por abandonarla.

After moving in between jobs in the fields and the factory, he enlisted in the United States Army as an infantryman. He was twenty-three years old and needed to support his own growing family as he was married with a one-year-old daughter and his son on the way.

In the Army, Ricardo began to find the sense of community he always desired. The military provided him discipline and skills. He deployed three times over his seven plus years and sustained injuries in multiple IED attacks while serving in combat. While in the service, Ricardo was recognized as Distinguished Honor Graduate and Distinguished Leader during his Advanced Leadership Course. He earned his status as a United States Pathfinder and groomed over fifteen soldiers for promotion over his four years as a Sergeant. Ricardo was honorably discharged with the rank of Staff Sergeant.

After the military, Ricardo suffered from severe PTSD. He faced episodes of suicide, severe depression and returned to alcohol and drug use. Nevertheless, he found his way through addiction and worked his way through Big Bend Community College in Moses Lake, Washington receiving a AA in Business Management. He was recognized in 2017 as Student of the Year in both Business and Economics and English Composition. From there, he enrolled at the University of Washington where he received a BA in English: Creative Writing. Ricardo has found recovery and is now enjoying the peace and clarity of sobriety. His happiest moments are when he is spending time with his children, writing with his daughter, playing video games with his son, cuddling his dad's dog Xena, and dancing in the kitchen with his wife-to-be.

Ricardo takes pride in being a conduit for cultural connection and brings marginalized voices into the center of all conversations that he is in. His own struggles straddling cultures provide insight into the difficulties of the Mexican migrant worker and their families.

Después de un tiempo en el que alternó el trabajo en los campos con el de la fábrica, se alistó en el ejército estadounidense como soldado de infantería. Tenía veintitrés años y necesitaba mantener a su propia familia, ya que estaba casado con una hija de un año y un hijo en camino.

Fue en el ejército donde Ricardo empezó a encontrar el sentido de comunidad que siempre había deseado. El ejército le proporcionó disciplina y habilidades. Durante sus más de siete años de servicio, fue desplegado tres veces y sufrió múltiples heridas en ataques con artefactos explosivos improvisados mientras en combate. En el ejército, Ricardo fue reconocido como Graduado de Honor Distinguido y Líder Distinguido durante su curso de Liderazgo Avanzado. Obtuvo su estatus de Pathfinder de los Estados Unidos y preparó a más de quince soldados para el ascenso durante sus cuatro años como sargento. En 2016, Ricardo fue licenciado con honores con el grado de *Staff Sargeant*.

Tras dejar el ejército, Ricardo sufrió un grave caso de estrés postraumático. Tuvo pensamientos de suicidio, una fuerte depresión y volvió a consumir alcohol y drogas. Sin embargo, sobrevivió a la adicción y terminó sus estudios en el Big Bend Community College en Moses Lake, Washington, donde obtuvo un título de asociado en Administración de Empresas. Fue reconocido en 2017 como Estudiante del Año tanto en Economía y Negocios como en Composición de Inglés. A partir de ahí, se inscribió en la Universidad de Washington donde se licenció en Escritura Creativa. Ricardo ha logrado recuperarse de la adicción y está disfrutando la paz y la claridad de su sobriedad. Sus momentos más felices son cuando pasa tiempo con sus hijos —escribiendo con su hija y jugando a videojuegos con su hijo—, cuando se acurruca con Xena, la perrita de su padre, y cuando baila en la cocina con su futura esposa.

Ricardo se enorgullece de ser un conducto para la conexión cultural y se esfuerza por llevar las voces marginadas al centro de cada conversación en la que participa. Su propia lucha por vivir entre dos culturas le permite comprender la difícil situación de los trabajadores inmigrantes mexicanos y sus familias.

José

After being drugged to sleep, separated from his mother, given to strangers and smuggled into an unfamiliar vehicle, José was brought into the United States from Mexico, the country of his birth, when he was three years old. His mother made the crossing on foot. José's family originally arrived in Los Angeles and then, when he was eleven, they moved to Eastern Washington so that his father could have more work opportunities. The move was hard on José. He had to leave all material possessions that didn't fit into the family van, and he had to make a new start far from LA. The remote landscape of Eastern Washington was a shock. By the time he was twelve years old, in 2010, José was working with his family in the fields.

José finished high school, attended Big Bend Community College and transferred to the University of Washington where he attends the Foster School of Business. During his second year of college, José had to take a gap year to help his family and provide for his two younger brothers. He was determined to create financial stability for his family and this led him on a journey to financial literacy, a gift that he wants to pass on to other members of the migrant community. The stress of living paycheck to paycheck creates a mentality and set of habits that many migrant workers face and one that José knew from living under those conditions with his parents. Though he is still in his twenties, José has been working two jobs, taken control of the family's finances, and saved enough money to return to UW and complete a BA.

A los tres años, José fue drogado para dormir, separado de su madre, entregado a unos desconocidos, metido en un vehículo extraño y transportado a Estados Unidos desde México, su país de nacimiento. Su madre cruzó la frontera a pie. Primero, la familia de José se estableció en Los Ángeles y, luego, cuando tenía once años, todos se mudaron al este de Washington en busca de mejores oportunidades de empleo para su padre. Este traslado fue duro para José. Tuvo que desprenderse de todas las posesiones materiales que no cabían en la camioneta familiar y empezar de cero lejos de Los Ángeles. El remoto paisaje del este de Washington fue un shock, pero para 2010, cuando tenía doce años, José ya estaba trabajando con su familia en el campo.

José terminó la escuela secundaria, asistió al Big Bend Community College y se trasladó a la Universidad de Washington donde ingresó en la Foster School of Business. Durante su segundo año de universidad, José tuvo que tomarse un año libre para ayudar a su familia y cuidar de sus dos hermanos menores. Estaba decidido a crear estabilidad financiera para su familia y esto lo llevó en un viaje hacia la educación financiera: un don que quiere transmitir a otros miembros de la comunidad inmigrante. El estrés de vivir de cheque en cheque engendra una mentalidad y un conjunto de hábitos que son familiares para muchos trabajadores inmigrantes y que José conocía bien por haber vivido en dichas condiciones con sus padres. Todavía está en sus veintes, pero José tiene dos trabajos, ha tomado el control de las finanzas de la familia y ha ahorrado lo suficiente para volver a la Universidad de Washington y terminar su licenciatura.

JOSÉ: Cause I was like, there's no way. This is where we're
living. And then he said, no, not here. And I was like,
okay, I have some relief. But then we like got into that
sort of, um, midsection between Ephrata and Quincy, where
like, you know, like the orchards and the fields are now.
I asked like, are we there yet? Because we took a right
on road eight. So it's like a country road. And he's like,
we're almost there. And I was like, wait, what? Like, it
was just fields. There was like, it was winter. So there
was snow. That was the only cool thing I'd never seen snow.
It was like, wow, like there's actual snow. And there was
cows. And I was like, what? Like, where are we? And I was
like a city boy. It was very small. Um, it was all those
brown where we lived. It was just nothing like where we
used to live. It definitely felt like a downgrade, like a
big downgrade. And then I like, remember that we, we went
inside and it was all frozen cause no one had lived there.
And I could tell that my, my mom was hiding, like the way
she felt and my dad was working really hard to like, try to
like be uplifting. And then, um, I was 11 and my youngest
brother was four at the time. And so, you know, um, I was,
I was always in charge of my younger brother and I was
just like, oh, look, like there's chickens and we can play
soccer or whatever.

JOSÉ: Porque yo estaba como, no puede ser. ¿Aquí es donde vamos a vivir? Y entonces él dijo, no, aquí no. Y yo estaba como, bueno, siento un poco de alivio. Pero entonces nos metimos en esa especie de, eh, espacio intermedio entre Ephrata y Quincy, donde, ya sabes, ahora están los huertos y los campos. Yo estaba como, ¿ya estamos? Porque giramos a la derecha en la calle 8. Es como un camino rural. Y él dijo, ya casi llegamos. Y yo estaba como, espera, ¿qué? Como, sólo eran campos. Había como, era invierno, así que había nieve. Eso fue lo único chido, pues nunca había visto la nieve. Era como, wow, como que había nieve de verdad. Y había vacas. Y yo estaba como, ¿qué? Como, ¿dónde estamos? Pues yo era un chico de ciudad. Y esto era muy pequeño. Eh, todo era marrón donde estábamos. No tenía nada que ver con donde vivíamos antes. Era un *downgrade*, sin duda, como muchísimo peor. Y entonces recuerdo que, que entramos y que estaba todo congelado porque nadie había vivido allí. Y vi que mi mamá estaba, como, estaba ocultando lo que sentía y mi papá estaba esforzándose por ser, como, alentador. Y entonces, eh, yo tenía 11 años y mi hermanito tenía cuatro en ese momento. Así que, ya sabes, eh, yo estaba siempre a cargo de mi hermanito y le dije algo así como, oh, mira, como, hay gallinas y podemos jugar al fútbol o algo.

Lorena (José's mom)

Lorena was born in 1980 in Jalisco, Mexico. She did not grow up in poverty. As a child, she didn't experience hunger and she always had shoes on her feet. Her family owned a corner store and her mother worked there. On the weekends, Lorena helped to sell fruit, corn and tamales. When she was sixteen, she married her boyfriend. Two years later, José was born.

For Lorena, her migration story began when she was living with her husband's parents, people who didn't have much. Lorena's young husband worked odd jobs to earn money for his family, but after paying for room and board, there was little left. They had to choose who would get to eat. Lorena made diapers for José from old shirts. At that point, her father helped her husband find a job as a dishwasher in Los Angeles. Her husband traveled along to America and worked to save enough to pay for his wife and child to cross the border. After they did make the journey, the family still didn't have much, and when Lorena's husband was stopped for a minor traffic violation in California, he was arrested in front of young José. With fear of deportation and of traveling without drivers' licenses, the family moved to Eastern Washington where an undocumented person could obtain a driver's license. They moved into a trailer that was run down and freezing in the winter desert. From there, the family began their journey of working in the fields.

LORENA: Thank God everything worked out perfectly. Look, I didn't cross with my son, my son was crossed by car, he crossed in a car. Yes, I was a little worried because sometimes people do it, well, I think, without thinking about it. They gave my son too much of the medicine to keep him asleep. So, he slept for two days after we got here, because they gave him a lot of medicine. I crossed on foot.

Lorena (la madre de José)

Lorena nació en 1980 en Jalisco, México. Ella no creció en la pobreza. De niña no pasó hambre y siempre tuvo zapatos en los pies. Su familia tenía una bodega y allí trabajaba su madre. Lorena la ayudaba todos los fines de semana a vender frutas, maíz y tamales. Cuando tenía dieciséis años, se casó con su novio y, dentro de dos años, dio a luz a José.

La historia de la migración de Lorena comenzó cuando estaba viviendo con sus cuñados, gente que no tenía mucho. El joven marido de Lorena hacía trabajos esporádicos para ganar dinero para su familia, pero quedaba poco después de pagar el alojamiento y la comida. Tenían que decidir quién iba a comer. Lorena hacía pañales para José con camisetas viejas. Fue entonces cuando su padre ayudó a su marido a encontrar un trabajo como lavaplatos en Los Ángeles. Su marido viajó a Estados Unidos y trabajó para ahorrar lo suficiente para que su esposa y su hijo pudieran cruzar la frontera. Hicieron el viaje, pero la familia seguía luchando; y cuando el marido de Lorena fue detenido por una infracción de tráfico menor en California, fue arrestado delante del pequeño José. Por miedo a la deportación y a viajar sin licencia, la familia se trasladó al este de Washington, donde una persona indocumentada podría obtener una licencia de conducir. Se mudaron a una tráila destartalada que estaba congelada en el frío del invierno en el desierto. A partir de ahí, la familia comenzó su aventura de trabajar en el campo.

> **LORENA:** Todo salió perfectamente, gracias a Dios. Mira, yo no crucé la frontera con mi hijo, mi hijo fue cruzado en carro, cruzó en carro. Sí, estaba un poco preocupada porque a veces la gente lo hace, bueno, creo que sin pensarlo. Le dieron a mi hijo demasiada medicina para que se quedara dormido. Así que durmió durante dos días después de llegar aquí, porque le dieron mucha medicina. Yo crucé a pie.

RICARDO: Who crossed him, another family member?

LORENA: No, my husband found a lady to take him across.

RICARDO: Was it difficult for you to give your baby to someone you didn't know?

LORENA: Yes, I would say so. My husband would say just trust me, everything is going to be ok. I remember I would told José to behave because he was about to turn three years old. To not move, to do everything that they told him, that everything was going to be ok. And go figure, the second they took him from me they gave him the medicine that knocked him out. With the medicine he stayed asleep and me, they crossed me walking.

RICARDO: What year was this?

LORENA: This was 2009.

RICARDO: ¿Quién se cruzó con él, otro miembro de la familia?

LORENA: No, mi marido encontró a una mujer que lo llevaría al otro lado.

RICARDO: ¿Fue difícil para ti entregar a tu bebé a un desconocido?

LORENA: Sí, diría que sí. Mi marido me decía: confía en mí, todo saldrá bien. Recuerdo que le decía a José que se comportara porque estaba a punto de cumplir tres años. Que no se moviera, que hiciera todo lo que le decían, que todo iba a estar bien. Y, imagínate, en cuanto me lo quitaron le dieron esa medicina que lo dejó inconsciente. Con la medicina se quedó dormido y a mí, me cruzaron andando.

RICARDO: ¿En qué año fue esto?

LORENA: Esto fue en 2009.

Sarai

Sarai is the youngest in a family of five. She was born in Salinas, California and, when she was nine, Sarai moved with her family to Eastern Washington. Her family was very traditional and her mother did not work initially, but the financial pressure pushed her to join her husband at work in the fields. When Sarai was young, her family did not have much and they lived in a trailer, alongside people addicted to drugs and a neighbor who regularly assaulted his wife. Saria's parents had a work schedule that often left Sarai home alone, without adult support, and she feels fortunate that she did not fall into the trap of drinking and partying. Since she is the only documented person in her family, she feels the burden of her parents' plight. It hasn't been easy for Sarai– between navigating the obstacles of paying for her education near Seattle and then returning home to work in the fields over the summer– yet her perseverance remains. Currently, she is a twenty-three year old Masters degree student at Northwest University and is completing her degree in International Community Development and her hope is to work within the Hispanic community so that she can help to provide opportunities for others.

SARAI: You know, you struggle a lot with like who you are, as an identity. You're not from Mexico. You're not from the US, you're a Chicano. And like, what does that even mean? Who, who tells you your identity? And you're just kind of navigating these limbo spaces of being like, who are we as you know, not immigrants, but not necessarily like accepted here all the time. Um, and then also finding a sense of community within your own Hispanic circles and, and seeing a lot of the flaws there and being like, why don't people like me want to go to school? Like we're not dumb, but we're also, you know, not always aligned with the education route, I guess.

Sarai es la más pequeña de una familia de cinco. Nació en Salinas, California, pero se mudó con su familia al este de Washington a los nueve años. Su familia era muy tradicional y por eso su madre no trabajaba al principio, pero las presiones económicas pronto la llevaron a acompañar a su marido en el campo. Cuando Sarai era joven, su familia estaba empobrecida; vivían en una tráila cerca de drogadictos y un vecino que maltrataba habitualmente a su esposa. Los horarios de sus padres a menudo dejaban a Sarai sola en casa, sin la supervisión de un adulto, y ahora se considera afortunada de no haber caído en la trampa de la bebida y la fiesta. Como la única persona documentada en su familia, Sarai soporta gran parte del cargo de la situación de sus padres. No ha sido fácil para ella. Trabaja en los campos del este de Washington cada verano para poder pagar su educación cerca de Seattle. No obstante, su perseverancia perdura. Ahora, a sus veintitrés años, Sarai está terminando su maestría en Desarrollo de la Comunidad Internacional en Northwest University. Sueña con trabajar dentro de la comunidad hispana para ayudar a proporcionar oportunidades a los demás.

SARAI: Luchas mucho con quién eres, como una identidad, ¿sabes? No eres de México. No eres de los Estados Unidos, eres un chicano. Y eso, ¿qué significa eso? ¿Quién ... quién te dice tu identidad? Y estás como navegando en estos espacios de limbo, estando como, ¿quiénes somos? Ya sabes, no somos inmigrantes, pero no nos aceptan aquí todo el tiempo tampoco. Y entonces encuentras algo de comunidad dentro de tus propios círculos hispanos y, y estás viendo como muchos defectos allí y te preguntas, ¿por qué la gente como yo no quiere ir a la escuela? Como ... no somos tontos, pero también, como sabes, no siempre estamos adaptados al camino educativo, supongo.

In college, like I would come back in the summers, and I
would work in the fields and it, and it sucked. Um, it
also was, I felt a lot of a sense of guilt being like, I'm
only here for the summer, but I know that a lot of these
people are here year around. Um, and I remember this one
girl I met, I was in college, and she was, she was like a
sophomore in high school. And she was just kind of like, I
can't wait to drop out of school. She was Hispanic. She was
like, I can't wait to drop out of school because I like to
make money. I make good money. Like, I'm not good at school
anyways.

I feel like I carry a lot of guilt with being like, how
do I hold these, these new opportunities while still
remembering these other opportunities that have been opened
for me? You know, if I hadn't worked in the fields, I
wouldn't have been able to afford college.

Durante la universidad, volvía en los veranos y trabajaba
en el campo y, y fue horrible. Em, también había, me sentía
muy culpable porque estoy aquí sólo para el verano, pero
sé que muchas de estas personas están aquí todo el año.
Em, y recuerdo a esta chica que conocí, yo estaba en la
universidad, y ella era, era como una sophomore en la
escuela secundaria. Y ella estaba como: no puedo esperar
a dejar la escuela. Era hispana. Dijo: no puedo esperar a
dejar la escuela porque me gusta ganar dinero. Gano mucho
dinero. Además, no soy buena en la escuela, para nada.

Creo que me siento muy culpable pensando, ¿cómo puedo
sostener estas nuevas oportunidades y al mismo tiempo
recordar estas otras oportunidades que se me han abierto?
¿Sabes? Si no hubiera trabajado en el campo, no habría
podido pagar la universidad.

Abigail (Sarai's mom)

Abigail came to the US in 1998. At that time, she wasn't suffering from hunger nor was she in physical danger but she chose to leave Mexico so that her daughter Sarai and her future children would have a better education. While Abigail was in Mexico, she was trained as a secretary and had begun working, but her husband wanted to relocate to California so that he could take work in a textile factory. The family sold their belongings, taking only what they could carry. For Abigail, life in California was very different to what she had been accustomed to in Mexico. It was fast-paced and, as crime was increasing in their neighborhood, Abigail and her husband did not feel safe. Encouraged by a brother-in-law in Eastern Washington, Abigail, her husband and their three children moved and rented a single bedroom in his house. For two months, as Abigail's husband went to work, she and the children stayed in that bedroom. Her husband's income did not support their expenses, so Abigail went to work. On her first day in the fields, she thought she was going to die. However, she struggled through, working long hours in the fields and a second job cleaning houses at night. At times, she slept in the car between her daughter's work shifts—all because she valued education.

> **ABIGAIL:** I started going to the apple orchard and then he came to work with me in the orchard and that's where we started. I didn't know, I didn't know anything about the trees, I know about eating apples but not about the trees. So I had to start with learning about thinning apples, everything, picking apples, how to tying trees. When I got there, when I got here, they usually start people by just tying trees, that's all. But I started directly on apple picking. And for me, honestly, I had never worked in Mexico because I had studied to be a secretary, I was already in a company called Your House, over there I was just beginning my internship to work and never like my mom's family. They

Abigail (la madre de Sarai)

Abigail llegó a Estados Unidos en 1998. Por entonces, no pasaba hambre ni corría peligro físico, pero decidió salir de México para que su hija Sarai y sus futuros hijos tuvieran una mejor educación. En México Abigail se había formado como secretaria y había empezado a trabajar, pero su marido quería trasladarse a California para poder trabajar en una fábrica textil. La familia vendió sus posesiones y se llevó sólo lo que podía transportar. Para Abigail, la vida en California era muy diferente a la que conocía en México. El ritmo era rápido y, a medida que aumentaba la delincuencia en su barrio, Abigail y su marido no se sentían seguros. Abigail, su marido y sus tres hijos fueron animados por un cuñado en el este de Washington a mudarse y alquilar un cuarto individual en su casa. Durante dos meses, el marido de Abigail se fue a trabajar y ella y los niños se quedaron en ese cuarto. Pero los ingresos de su marido no les permitían mantenerse, así que Abigail empezó a trabajar también. En su primer día en el campo, creía que iba a morir. Sin embargo luchó: trabajaba largos días en el campo y limpiaba casas por la noche. A veces, dormía en el carro entre los turnos de trabajo de su hija —y todo fue porque valoraba la educación—.

ABIGAIL: Empecé a ir al manzanar y luego él vino a trabajar conmigo en el huerto y así empezamos. No sabía, no sabía nada de árboles, sé de comer manzanas pero no sabía nada de manzanos. Así que primero tuve que aprender sobre el raleo de manzanas, todo, el pizcar las manzanas, cómo atar los árboles. Cuando llegué, cuando llegué aquí, normalmente la gente empieza atando árboles, nada más. Pero empecé directo en la pizca de manzanas. Y para mí, sinceramente, nunca había trabajado así en México porque había estudiado para ser secretaria, ya estaba trabajando en una empresa que se llamaba Your House. En mi país, recién había comenzado mis prácticas para trabajar y nunca como la familia de mi madre. Todos ellos tienen mucho, no quiero decir mucho

all have a lot, I don't mean a lot of money, but they were comfortable. They had restaurants and all that and I arrived here with nothing to end up in the field, it felt impossible. When I started to pick apples in a basket, they put it on you and you can fit 52 apples in it. And I remember that I nearly cried. I said, "Oh father, how is it possible for me to be here if over there I was in the shade and I was in a place in a company." And here you get to a field and you don't know how to do anything—not how to pick and then they scold you. "Look look that the fruit was being mistreated." And I sit there like how do I do it because I had no experience in that.

dinero, pero estaban cómodos. Tenían restaurantes y todo eso y yo llegué aquí sin nada para acabar en el campo, me parecía imposible. Cuando empecé a pizcar manzanas, te dan una canasta y en ella caben 52 manzanas. Y recuerdo que casi lloré. Dije: "Padre mío, cómo es posible que estoy aquí cuando allí estaba en la sombra y estaba en un puesto en una empresa". Y aquí llegas a un campo y no sabes cómo hacer nada, ni cómo pizcar, y entonces te regañan: "Mira mira que la fruta estaba siendo maltratada". Y yo me siento allí y me pregunto cómo lo hago porque no tenía experiencia en eso.

Glossary of Terms

AR: Armalite rifle

catch a case: being charged with a crime

CIS: Citizenship and Immigration Services

cosecha: crop, yield, harvest

coyote: used to refer to a human trafficker across the Mexico-US border

curandera: female "alternative" doctor

DACA: Deferred Action for Childhood Arrivals

Five-0: street slang for police

gap year: a year break taken by students normally in between high school and college

Glock: semi-automatic pistol

good looks: short for "good looking out" or recognition for a job well done

huaraches: sandals

KIA: killed in action

ICE: Immigration and Customs Enforcement

IED: improvised explosive device

la migra: literally "immigration"; Mexican slang for immigration enforcement/border patrol agents

lax ROE: relaxed rules of engagement

M24: US Army bolt-action sniper rifle

mica: Mexican slang for a green card

rat trail: military and police slang for an improvised trail

Arizona SB 1070: Arizona Senate Bill 1070 passed in 2010, upheld by Supreme Court. Allows police to demand "papers" and investigate immigration status if they suspect a person is undocumented.

shotty: sitting "shotgun" or in the passenger seat

waxed down: military and police slang for moving quickly

Notas

AR: rifle Armalite

carnal: *jerga mexicana;* un amigo muy íntimo

CIS: Servicio de Ciudadanía e Inmigración de Estados Unidos

coyote: se refiere a alguien que recibe dinero por el tráfico de personas a través de la frontera entre Estados Unidos y México

DACA: Acción Diferida para los Llegados en la Infancia

gap year: Un año sin escuela. Suele tener connotaciones positivas, refiriéndose al año de descanso que algunas personas se toman entre el instituto y la universidad.

Glock: una pistola semiautomática, así llamada por su fabricante

HR: el departamento de recursos humanos de una empresa

ICE: el Servicio de Control de Inmigración y Aduanas de Estados Unidos

IED: artefacto explosivo improvisado

mica: *jerga mexicana;* la Tarjeta Verde (Green Card)

M24: fusil de cerrojo estándar del ejército de EE.UU.

rat trail: jerga militar y policial para referirse a un sendero improvisado

ROE: usado en el ámbito militar para referirse a las reglas de enfrentamiento ("rules of engagement" en inglés)

Arizona SB 1070: Una ley del Estado de Arizona, aprobada en el 2010, que persigue a los inmigrantes (documentados e indocumentados), otorgando a la policía local la autoridad y la responsabilidad de detener a cualquier persona que parezca "sospechosa" por su aspecto físico. También se conoce como la Ley de Odio.

tira: *AmL;* coloquialismo para referirse a la policía

Acknowledgements

I would like to express my sincere gratitude to all the many people who donated their stories to make this collection possible. This work is only possible because of your generosity and willingness to share.

Thank you to the amazing team at Pulley Press: Greg Shaw, Yesenia Hunter, Brianna Salinas, Barbara Bonner, Claudia Rowe, Abigail Stark and Dan Shafer who gave this poet a chance and were amazing throughout the process while this project took shape.

Thank you to my best friend, partner, and true love, Christine Lessard, who is the best support a man has ever known. Thank you for allowing me to stay up all hours of the night to write, always being available to listen to me read and giving me a pep talk when I wanted to quit. You're my everything, I love you.

Thank you to my children Bella and Samson who were the primary inspiration to this project. I hope one day you can read and understand the lives of your grandparents, father and uncles, in turn further understanding yourselves.

Gracias Jefe y Lady por ser mis padres. Esta historia es posible gracias a los sacrificios que hicieron por mí. Lady, no hay mejor mamá que tú. Jefe, te amo y te extraño. Descansa en paz.

Thank you to all my family.

Thank you Pancho. Before this project was ever a thought, you were my friend sitting by my side during some of my darkest days. Without your friendship, kindness, and love I might not be here today. I'll still marry you if I need to. You ain't goin nowhere homie.

Agradecimientos

Quisiera expresar mi más sincero agradecimiento a todas las personas que han donado sus historias para hacer posible esta colección. Este trabajo no habría sido posible sin su generosidad y voluntad de compartir.

Gracias al increíble equipo de Pulley Press —Greg Shaw, Yesenia Hunter, Brianna Salinas, Barbara Bonner, Claudia Rowe, Abigail Stark y Dan Shafer— quienes dieron a este poeta una oportunidad y fueron increíbles durante todo el proceso mientras el proyecto tomaba forma.

Gracias a mi mejor amiga, pareja y verdadero amor: Christine Lessard. Eres el mejor apoyo que un hombre podría tener. Gracias por dejar que me quedara despierto a todas horas de la noche para escribir, por siempre estar disponible para escucharme mientras leía y por animarme cuando quería dejarlo. Eres mi todo, te quiero.

Gracias a mis hijos, Bella y Samson, que fueron mi principal fuente de inspiración para este proyecto. Espero que algún día puedan leer esto y comprender la vida de sus abuelos, su padre y sus tíos y, en consecuencia, comprenderse mejor a sí mismos.

Gracias Jefe y Lady por ser mis padres. Esta historia sólo es posible gracias a los sacrificios que hicieron por mí. Lady, no hay mejor mamá que tú. Jefe, te quiero y te extraño. Descansa en paz.

Gracias a toda mi familia.

Gracias Pancho. Antes de que este proyecto fuera siquiera una idea, fuiste el amigo que se sentaba a mi lado durante algunos de mis días más oscuros. Sin tu amistad, tu bondad y tu amor es posible que yo no estuviera aquí hoy. Todavía es verdad que me casaré contigo si tengo que hacerlo. No te vas a ninguna parte, amigo mío.

Acknowledgements

Thank you to my professor, editor and friend Frances McCue for all your patience and kindness. You saw this project within me, recognized the importance of elevating the voice of a small Mexican Community in Eastern Washington and gave birth to the "Pulley" ways of making poems. The world is better for having you in it my friend.

Thank you to Professor Maria Gillman, Professor Linda Bierds and the University of Washington where the seeds of this book first found fertile soil.

Lastly, to the raza out working in the fields and orchards, and all the immigrants who desire a better life for your family, don't ever stop fighting for your inalienable human rights to live, prosper and be safe in your own home.

Gracias a mi profesora, editora y amiga Frances McCue por toda su paciencia y bondad. Viste este proyecto dentro de mí, reconociste la importancia de elevar la voz de una pequeña comunidad mexicana en el este de Washington e inventaste la forma "Pulley"" de hacer poemas. El mundo es mejor por tenerte en él, mi amiga.

Gracias a la profesora Maria Gillman, a la profesora Linda Bierds y a la Universidad de Washington: donde las semillas de este libro encontraron por primera vez tierra fértil.

Por último —a la raza que trabaja en los campos y huertos y a todos los inmigrantes que desean una vida mejor para su familia— no dejen nunca de luchar por sus derechos humanos inalienables a vivir, a prosperar y a estar seguros en su propia casa.